Wolfgang Stobbe

Erfolgreiches Traden mit

CFDs

Wolfgang Stobbe

Erfolgreiches Traden mit CFDs

So erobern Sie die Aktien-, Forex- und Rohstoffmärkte

FinanzBuch Verlag

Bibliografische Information der Deutschen Nationalbibliothek
Die Deutsche Nationalbibliothek verzeichnet diese Publikation in der Deutschen
Nationalbibliografie,
detaillierte bibliografische Daten sind im Internet über **http://d-nb.de** abrufbar.

Für Fragen und Anregungen:
stobbe@finanzbuchverlag.de

1. Auflage 2010
© 2010 by FinanzBuch Verlag GmbH
Nymphenburger Straße 86
D-80636 München
Tel.: 089 651285-0
Fax: 089 652096

Projektleitung: Eva Pratsch
Korrektorat: Sigrid Graf
Satz: Jürgen Echter, Landsberg am Lech
Druck: Konrad Triltsch, Ochsenfurt
Printed in Germany

ISBN 978-3-89879-574-6

Weitere Infos zum Thema
www.finanzbuchverlag.de
Gerne übersenden wir Ihnen unser aktuelles Verlagsprogramm

Inhalt

Vorwort

Seit mehr als 20 Jahren beschäftige ich mich nun mit den Themen Finanzmärkte – vor allem im Bereich Forex und CFDs – und Trading. Ich habe verschiedene Spekulanten gewinnen, aber auch sehr oft sehr hohe Beträge verlieren sehen.

Mit diesem Buch möchte ich die Herausforderungen und Schwierigkeiten aufzeigen, die jedem Trader im Laufe seiner Karriere begegnen. Wichtig ist, sich stets selbst in Frage zu stellen. Kann und will ich mir und meinen Zielen beim Trading treu bleiben? Das ist nämlich wahrhaftig kein Kinderspiel, sondern eine emotionale Herausforderung, der wirklich nicht jeder gewachsen ist!

Wovor ich eindrücklich warnen möchte, ist die Arroganz zu denken, »mit Trading verdiene ich ganz schnell und locker ein paar Millionen!« – nach der Lektüre dieses Buches sollte jedem klar sein, dass dem nicht so ist.

Jeder wird im Laufe seiner Tradingkarriere (finanziell) schmerzhafte Erfahrungen machen. Diese zu dokumentieren, analysieren und schließlich wegzustecken macht am Ende des Tages einen erfolgreichen Trader aus! Allen anderen würde ich persönlich raten, das Trading besser sein zu lassen.

Ihr Wolfgang Stobbe

Eigenschaften eines erfolgreichen Traders – Börsenpsychologie

»I can predict the motion of heavenly bodies, but not the madness of crowds.« (Newton, 1687)

Haben Sie schon einmal Anlageentscheidungen getroffen, bei denen Sie sich im Nachhinein richtig an den Kopf gegriffen haben? Sie haben gegen all Ihre Regeln verstoßen und Ihre Strategie vernachlässigt? Willkommen in der Welt der Emotionen und der Welt des Tradings! Der Fachbereich Behavioral Finance beschäftigt sich verkürzt ausgedrückt mit der Psychologie der Anleger. Im Grunde genommen geht es darum, aufzuzeigen, wie Anlageentscheidungen tatsächlich zustande kommen und welche Fehler immer und immer wieder gemacht werden.

Börsianer sind nicht immer allwissend und agieren nicht rational, im Gegenteil, hinter Kursbewegungen steht die Massenpsychologie von Millionen von Menschen, die subjektive Entscheidungen treffen. Anhänger der Behavioral Finance und viele erfolgreiche Trader glauben nicht an den in vielen wirtschaftswissenschaftlichen Lehrbüchern postulierten Homo oeconomicus. Sie rütteln außerdem auch an der Annahme, wonach in den Kursen jederzeit alle Informationen eingearbeitet sind. Trading hat sehr viel mit Ihrer Psychologie zu tun, genauso wie Ihr persönlicher Erfolg auch. Menschen sind dem Herdentrieb ausgeliefert. Im Alltagsleben gibt es dafür jede Menge Beweise, vom Dritten Reich über Demonstrationen und dem Verhalten im Fußballstadion. Massenpsychologische Phänomene werden Sie an der Börse immer und überall finden, weil es ein Marktplatz ist, wo Menschen tätig sind. Ein Mensch ohne Emotionen wäre ein Computer und selbst der ist von Menschen programmiert. Börsianer tendieren dazu, immer wieder die selben Fehler zu machen – weil wir von Angst und Gier getrieben werden. Dabei ist es vollkommen gleichgültig, welche Produkte gehandelt werden, de facto reagieren alle Märkte gleich. Wer also andere Marktteilnehmer besser versteht und ihre typischen Eigenarten kennt, macht vermutlich selbst weniger Fehler.

Wie so vieles an der Börse hat im Übrigen auch die Behavioural Finance ihre Ursprünge in den USA. Dort wurde sie Mitte der 80er Jahre nach und nach entdeckt und findet nun auch in Europa immer mehr Anhänger. Außerdem gibt es inzwischen auch immer mehr Institutionelle Anleger (Fonds), die nach den Grundsätzen der Behavioral Finance-Theorie agieren.

Marktteilnehmer begehen also systematische Fehler. Typische Fehler zu kennen ist wichtig, da man dann zu verstehen lernt, wie die Marktteilnehmer als Nächstes reagieren. Um das zu können, braucht man viele Erfahrungswerte. So muss der Trader interpretieren können, in welcher Phase sich der Markt gerade befindet und welche Strategie hier am besten funktioniert.

Wer sich mit Behavioral Finance beschäftigt und die Erkenntnisse dieser Theorie einleuchtend findet, wird sich schnell fragen, was er in der Praxis davon hat. Schließlich wollen wir Geld verdienen und keine wissenschaftlichen Theorien erklärt bekommen. Schalten Sie Ihr Bewusstsein ein und seien Sie weniger selbstgefällig! Schalten Sie die Handelsaktivitäten zurück und und halten Sie nicht an Verliereraktien fest! Wer diese Punkte beherzigt, wird vermutlich in der Lage sein, seine Performance zu verbessern. Doch da der Mensch offenbar nicht dazu geboren ist, rational vorzugehen, handelt es sich bei der Einhaltung der Vorsätze um ein schwieriges Unterfangen. Wir müssen uns erfolgsbringende Gewohnheiten systematisch antrainieren, dazu bedarf es oft eines Coachs oder Mentors. Fragen Sie einmal, welcher Ihrer Raucherfreunde gerne mit dem Rauchen aufhören möchte, es aber nicht schafft. Es ist oft nicht so einfach, destruktive Verhaltensweisen einfach so abzulegen.

Nicht umsonst lautet die Devise von Joachim Goldberg, dem in Deutschland bekanntesten Behavioral Finance-Vertreter: Disziplin, Disziplin und nochmals Disziplin. Denn nur so kann die eigene Psyche, und damit das größte Hindernis auf dem Weg zum Börsenglück, aus dem Weg geräumt werden.

Jeder kann auf Erfahrungen zurückgreifen, auf Arbeitstage, an denen man besonders gut arbeitete und sich an seine eigenen geplanten Vorgaben gehalten hat, und auf andere Tage, an denen nicht nur der Plan fehlte, sondern auch die Umsetzung äußerst schlecht war. Oft liegt es schon allein an der Herangehensweise. Wenn man sich professionell vorbereitet und sein Selbstmanagement im Auge hat, dann klappt es auch, den Plan relativ gut umzusetzen. Das ist bei der täglichen Arbeit nicht anders als beim Trading. Auch dort benötigt man einen Plan (Tradingplan), welcher dann konsequent umgesetzt werden muss. Das Problem ist jedoch, dass wer sich an der Börse nur EINMAL nicht an seine Regel hält, möglicherweise einen Totalverlust erleidet. Das Gute jedoch ist, dass Sie an der Börse immer wieder von vorne anfangen können! Lassen Sie sich also nie entmutigen, sollten Sie einmal auf den Boden fallen! Trading ist Business und Sie sollten es auch als solches betrachten. Oft macht sich Unprofessionalität darin bemerkbar, dass ein Plan zwar vorhanden ist, aber die Haltung in manchen Momenten eher entspannt und nicht konsequent ist. Auch ein Experte vergisst manchmal, seinen Plan auch konsequent in die Tat umzusetzen. Disziplin könnte man also weniger als Eigenschaft betrachten, sondern als eine Art der Herangehensweise an eine Tätigkeit, die je nach Einstellung mal vorhanden sein kann oder auch nicht. Es liegt also an uns, die Einstellung im Vorfeld entsprechend anzupassen, um Disziplin zu erreichen!

Die größten Tradingfehler

Ein Beispiel eines Fehlers, den viele Anleger immer wieder machen, ist die Entscheidung, hohe Risiken einzugehen und sich zu überschätzen.

Aus zu viel Zuversicht (zum Beispiel nach Gewinnphasen) kann schnell Selbstüberschätzung werden. Unter Selbstüberschätzung (Overconfidence) leiden erstaunlich viele Menschen. »Perhaps the most robust finding in the psychology of judgement is that people are overconfident« (De Bondt/Thaler). Typisch für Menschen ist, dass sie mit einer Zunahme von Informationen selbstsicherer werden, während gleichzeitig die Richtigkeit der Entscheidungen relativ konstant bleibt. Mit immer mehr Informationen nimmt so der Grad der Selbstüberschätzung zu. Eigene Erfahrungen werden überbewertet und die Möglichkeit, selbst Fehler zu begehen, wird nahezu ausgeschlossen. Dies führt dazu, dass der Trader von sich selbst annimmt, sich auf sein Urteil absolut verlassen zu können, er sich aber tatsächlich darauf nur relativ verlassen kann.

Die Selbstüberschätzung steigt mit zunehmender Schwierigkeit der Entscheidungen sogar noch an. Einflüsse, wie schwer kontrollierbare Aufgaben mit offenem Ergebnis und verspätetes Feedback, verstärken den Grad der Selbstüberschätzung noch. Auch die persönliche Situation der Menschen kann Selbstüberschätzung fördern. Je mehr Fähigkeiten ein Mensch hat, desto eher überschätzt er sich selbst. Da davon auszugehen ist, dass die sehr aktiven Investoren am Wertpapiermarkt auch die größeren Fähigkeiten besitzen, ist der Grad der Selbstüberschätzung sehr hoch. Nicht zuletzt macht Erfolg auch selbstsicher, indem der eigene Erfolg den eigenen Fähigkeiten zugeschrieben wird, was oft bei Anfängern so nicht stimmt.

Oft macht man sich Vorwürfe, nicht die richtige Entscheidung getroffen zu haben. Anstehende Entscheidungen, die unter Unsicherheit getroffen werden müssten, werden deshalb in vielen Fällen nicht getroffen. So wird vermieden, sich eigene Fehler einzugestehen.

Typisch für Trader, die Probleme haben, sind folgende Verhaltensmuster:

- ► Alles muss perfekt sein.
- ► Sie bestrafen sich nach Verlusten.
- ► Sie machen sich Sorgen um Trades.
- ► Sie nehmen es persönlich, wenn der Markt gegen Sie läuft.
- ► Overconfidence – Sie sind viel zu selbstsicher.

In solchen Fällen kommen einem Gedanken wie die folgenden in den Kopf und dann ist es an der Zeit, ernsthaft über ein Coaching nachzudenken:

- ► »Ich muss sofort mehr Geld verdienen«
- ► »Ich verliere nur Geld«
- ► »Ich bin dumm, warum habe ich das getan?«
- ► »Ich kann es mir nicht mehr leisten, daneben zu liegen«
- ► »Der Markt ist so schlecht zu traden«
- ► »Ich muss jetzt mein Geld zurückgewinnen«
- ► »Nichts, was ich mache, funktioniert«
- ► »Ich kann eindeutig nicht traden«

Solche Gedanken kommen einem automatisch in den Kopf – es passiert unbewusst. Emotionen nehmen das Ruder in die Hand und zerstören unser Kapital! Die schlechtesten Trades kommen davon, dass sie die Reaktion auf solche Gedanken sind und nicht auf die Märkte selbst. Fordern Sie sich selbst heraus, diese Emotionen zu erkennen. Das ist der erste Schritt zur Selbstveränderung.

Angst und Gier

Angst und Gier bestimmen die Finanzmärkte und motivieren alle Marktteilnehmer. Es ist fast wie Yin und Yang. Man versucht immer, nicht zu Beginn von einer Seite beeinflusst zu werden, beziehungsweise einen Überhang zu haben. Jedem Trader geht es so. Ein Beispiel:

Angenommen, du hast zum perfekten Entrypunkt gekauft. Innnerhalb von Minuten steigt der Preis viel schneller als erwartet. Dann passiert Folgendes: Deine innere Stimme flüstert dir ins Ohr: »Die Aktie wird gleich explodieren, du hast es ja gewusst! Warum nimmst du nicht jetzt all dein Geld und steckst es in diese Aktie?!?« Gesagt getan. Es wird genau am Hoch gekauft, die Aktie sinkt und es steht der Margin Call vor der Türe. Hat dieses Verhalten was mit einem rationalen Handelssystem zu tun? NEIN. Hast du dir im Nachhinein gedacht, dass du wie ein Affe entschieden hast? JA. Die Gier hat dir bei dem Trade einen Strich durch die Rechnung gemacht.

Gibt es eine Methode, ohne Angst und Gier zu traden?

Ja, man muss sie entwickeln und das ist wie eine Art niemals endende Schulung der Persönlichkeit. Sie müssen lernen, mit Ihren Emotionen umzugehen. Es geht um emotionale Intelligenz.

Wenn Sie einmal anfangen zu zocken, werden Sie nicht mehr so leicht damit aufhören. Warum? Weil Sie dazu keinen Grund haben. Entweder es hat funktioniert, dass Sie alles auf eine Karte gesetzt haben und Sie werden sich anschließend denken: »Naja, wenn es jetzt funtioniert hat, werde ich es nochmals machen, warum auch nicht?«. Boooom. Das war's. Totalverlust ist da. Das Gesetz der Serie hat zugeschlagen, und es kam mal ein Trade, der gegen Sie lief. Übrigens verlieren auch Profis regelmäßig Geld, doch sie wissen, wie sie mit den Verlusten umgehen und machen diese mit ein paar größeren Gewinnen schnell wieder wett.

Der Markt hat immer Recht

Wenn man mit Profis redet, hört man oft den Satz: »Der Markt hat immer Recht«. Der Markt verändert sich durch Unternehmensberichte, politische Veränderungen, Stimmungen der Anleger, Kriege, das Wetter, ja sogar die Mondphasen sollen angeblich einen Einfluss auf die Börsenkurse haben. Oft hört man dann in den Medien Sätze wie »Der Markt hat auf die Arbeitslosenraten überreagiert oder unterreagiert«. Doch die Erklärungen kommen immer zu spät, immer im Nachhinein. Was bringt Ihnen das? Nichts. Sie müssen sich ja schon vorher in den Märkten platziert haben, um etwas gewinnen zu können. Der Markt hat also immer Recht, er ist einfach so, wie er ist. Ich weiß nicht, wie lange und intensiv Sie die Märkte schon beobachten, aber wie oft ist es Ihnen schon passiert, dass genau das Gegenteil Ihrer Prognose eingetroffen ist? Citigroup war bei 20 $ unterbewertet? Blöd für Sie, wenn Sie dann gekauft haben, denn die Aktie ist 2008 noch auf 3 $ gefallen. Es gab einen Abwärtstrend, und egal was Ihre Hausbank oder Ihr persönlicher Börsenguru sagen, Sie sollten nicht in einem Abwärtstrend investiert sein.

Sollten Sie neu im Trading sein, kann ich Ihnen versprechen, dass es Sie lange beschäftigen wird, warum und wie sich Kurse verändern, weil Sie diese immer vorhersagen wollen werden. Trendtrader machen wenig Vorhersagen und Prognosen, sie platzieren sich im Markt und entscheiden dann, wie sie ihre Positionen managen. Was Trading für Anfänger so schwer macht, ist, dass Entscheidungen unter Unsicherheit getroffen werden. Es ist wie im Leben, man weiß nie genau, wo man hinkommen wird und wo man in ein paar Wochen sein wird. Und aus diesem Grund werden Sie auch immer mal falsch liegen mit Ihren Trades. Das macht aber nichts, solange Sie Ihre Verluste mit Stops begrenzen und Ihre Gewinne laufen lassen. Setzen Sie Stops, um Ihr Kapital zu schützen und ziehen Sie Stops trendfolgend nach.

Das Verlangen, Recht haben zu wollen

Das Verlangen, Recht haben zu wollen, hat fast jeder neue Trader. Und es ist einer der Hauptgründe für Verluste an den Börsen. Warum?

Das Verlangen zeigt, dass Sie Angst haben, falsch zu liegen. In unserer Gesellschaft wird gelehrt, dass man Recht haben muss, um erfolgreich zu sein. Jeder will erfolgreich sein, jedoch wird vergessen, dass man nur erfolgreich wird, wenn man viel Erfahrung hat. Diese bekommt man hingegen von vielen Fehlern, Sie hatten also in vielen Fällen nicht Recht. Es macht also nichts, nicht Recht zu haben, sehen Sie es als Lernerfahrung.

Ein Beispiel, wie Sie das Verlangen, Recht zu haben, vernichten könnte:

Sie kaufen RIMM Aktien, weil Sie überzeugt von dem Unternehmen sind. Die Aktie haben Sie vor sechs Monaten für 80 $ gekauft und jetzt steht sie bei 40 $. Eigentlich hatten Sie sich vorgenommen, die Aktie zu verkaufen, wenn sie unter 60 $ fällt, aber Sie haben dann gesehen, dass der Quartalsbericht in zwei Wochen herauskommt und haben sich gesagt: »Die Zahlen werden sicher wieder besser als erwartet und dann muss der Kurs wieder steigen«. Das Gegenteil passierte. Sie halten immer noch an den Verlusten fest, weil Sie Angst davor hatten, kleine Verluste zu nehmen. Sie warten also noch zwei Wochen und auf einmal kommt ein Gap Down. Sie haben Ihr gesamtes Kapital vernichtet, nur weil Sie Recht haben wollten. Vergessen Sie nie: Der Markt hat immer Recht. Versuchen Sie nicht zu sehr an das Ergebnis des Trades zu denken, dann werden Sie sich nicht zu viele Illusionen machen.

Tradingängste

Angst ist ursprünglich ein hilfreiches Mittel der Natur, uns vor Gefahren zu warnen. Leider bleibt diese Emotion in uns Menschen manchmal länger als erwünscht und hält uns damit beim Trading davon ab, wichtige Entscheidungen zu treffen. Wie wird man die Ängste beim Trading los? Eine einfache Antwort ist: Erfahrung. Wenn Sie viele Rückschläge gemacht haben, werden Sie irgendwann so viele Situationen kennengelernt haben, dass die Angst automatisch verschwindet oder sich drastisch mindert. Irgendwann wird der Glaube an sich selbst und an die eigenen Strategien die Angst verdrängen.

Wenn es Ihnen einmal passieren sollte, dass Sie sich dabei erwischen, so mit sich selbst zu reden: »Bitte, bitte, liebe Aktie, fall nicht weiter«, dann wissen Sie ganz genau, dass Sie die Position schließen sollten, weil Sie mit Angst traden. Sie kontrollieren nicht Ihr Trading, sondern Ihr Trade kontrolliert Sie! Der Markt fließt wie ein Fluss und Sie sollten nicht gegen den Strom schwimmen. Sie können den einzelnen Trade nicht beeinflussen, jedoch Ihre Reaktion auf ihn.

Schlecht beraten

Die Schuld für seinen eigenen Misserfolg jemand anderem in die Schuhe zu schieben, ist ebenfalls ein zutiefst menschliches Verhalten und in allen Lebensbereichen zu beobachten. Natürlich auch im Trading. »Ich wurde schlecht beraten!« CFDs sind hochspekulative Produkte, das weiß jeder Trader. Und wie sich die Märkte entwickeln? Könnte das ein Berater oder Analyst voraussagen, wäre er eben kein Berater oder Analyst, sondern säße als steinreicher Privatier auf seiner Privatinsel! Natürlich macht es Sinn, mit einem Berater zu sprechen, verschiedene Meinungen einzuholen, Analysen zu lesen. Am Ende des Tages können all die verschiedenen Infos aber alle nur Puzzleteile sein, die der EIGENEN Meinungsbildung und der daraus resultierenden Anlageentscheidung dienen. Trader, die sich also auf schlechte Beratung oder falsche Analysen herausreden und nicht selbst die Verantwortung für ihre Misserfolge übernehmen, werden sich nie weiterentwickeln. Das bedeutet: Wer nicht zu seinen eigenen Fehlern steht und aus diesen lernt, wird weiter Verluste einfahren und ist somit von sich selbst mehr als schlecht beraten.

Liebe deine Verluste

Die meisten Leute werden sich vielleicht über diese Überschrift wundern. Doch es gibt keine andere Möglichkeit, als durch Verluste, unsere Fehler zu entdecken und besser zu werden. Der Erfolg in Ihrer Tradingkarriere wird von Ihren Verlusten abhängen und wie sie diese managen. Am besten ist es, Sie führen ein Tagebuch über Ihre Verluste oder Gewinne. Sehen Sie sich online Tradingblogs an und machen Sie auch einen. Geben Sie beispielsweise in eine Suchmaschine ein: »daytrading blog« und sehen Sie sich an, wie das andere machen. Schreiben Sie Ihre Probleme mit Verlusten nieder, es wird Ihnen helfen. Oft kann auch sehr hilfreich sein zu sehen, wie man vor längerer Zeit über Verluste und Trades gedacht hat und manchmal sieht man dann die Trades aus ganz anderen Perspektiven.

Gewinner werden zu früh verkauft

Kennen Sie den Fall, in dem Sie eine Aktie schon nach sechs Wochen wieder aus dem Depot schmeißen, weil sie nur ein paar Prozent gemacht hat? Eigentlich gab es gar keinen Grund die Aktie zu verkaufen, denn der Aufwärtstrend war überall intakt und dem Unternehmen ging es auch gut. Technische und fundamentale Analyse gaben grünes Licht und trotzdem haben Sie verkauft. Es war klar, dass dann die Aktie die stärkste Rallye seit Bestehen ohne Sie hinlegt und Sie »hätten« (hätte, sollte, täte, könnte, sollten Sie als erfolgreicher Börsianer aus Ihrem Wortschatz streichen!) es auch noch richtig prognostiziert oder waren einfach aus Zufall richtig positioniert. Ich kann Sie beruhigen, Sie sind nicht der Einzige, dem so etwas passiert. Ja, es ist sogar sehr gängig unter Anlegern. Dieses Phänomen nennt sich »Dispositionseffekt«.

Es gibt dazu sogar eine Studie: 1995-1999 (vgl. *Barber* et al. *2007b*) wurde an der TSE (Börse in Taiwan) Folgendes festgestellt:

85 Prozent aller taiwanesischen Anleger leiden unter dem Dispositionseffekt: Gewinneraktien werden verkauft, an Verliereraktien wird dagegen festgehalten. Die Trennung von Verliereraktien kommt dem Eingeständnis gleich, einen Fehler gemacht zu haben. Dieses für Anleger charakteristische Verhalten war auch auf Verlustaversion zurückzuführen. Der Dispositionseffekt besteht in gleicher Weise für Long- und Short-Positionen und nimmt bei steigenden Märkten ab.

Der Grund, warum wir aus guten Trades zu früh rausgehen, liegt darin, dass wir darauf bedacht sind, nicht zu verlieren, anstatt darauf bedacht zu sein, unsere Profite zu maximieren. Sobald ein Gewinn da ist, wollen wir ihn nehmen, um zu vermeiden, später Verluste einzustecken. Was man in dem Moment aber oft vergisst ist, dass das Nehmen von kleinen Gewinnern bei trendfolgenden Strategien auf Kosten von großen Gewinnern geht. Sie zerstören sich damit Ihren positiven Erwartungswert! Wenn Sie euphorisch über Gewinne werden, werden Sie auch panisch werden, wenn diese Gewinne bedroht sind. Kurzfristig haben Sie vielleicht einen kleinen Gewinner eingesteckt, aber langfristig wird Ihr Konto dadurch zerstört werden. Vergessen Sie nie die noch bestehende Chance, dass ein Trade noch weiter laufen könnte und das eigentlich Ihre Strategie ausmacht.

In der Studie in Taiwan wurden noch ein paar andere interessante Ergebnisse festgestellt:

»Die Untersuchung der Ertragskraft aller taiwanesischen Day-Trader liefert ernüchternde Ergebnisse: In einem typischen 6-Monats-Zeitraum verloren durchschnittlich mehr als acht von zehn Day-Tradern Geld. Allerdings gab es eine sehr kleine Gruppe mit guter Performance, die es schaffte, kontinuierlich Gewinne zu erzielen. Diese Gruppe hatte eine durchschnittliche Rendite von 0,62% pro Tag, die ausreichte, um ihre Tradingkosten zu decken.« (Zeitraum: 1995-1999, Referenz: Barber et al. 2007b)

Was sagt uns das? Day-Trading ist nicht profitabel? Nein, das würde ich nicht sagen. Wenn Sie intraday traden, kann es leicht sein, dass Sie die Kosten bei kleinen Konten auffressen. Schaffen Sie es aber, schöne Trends mit wenigen Entscheidungen (Swing-Trading am Tageschart) zu erwischen, können Sie hier vielleicht sogar sehr, sehr profitabel arbeiten.

Entwicklung von Tradingdisziplin

Coach dich selbst zum Erfolg!

Sie werden in Ihrer Tradingkarriere oft und viel mit Verlusten konfrontiert werden. Um all das durchstehen zu können, brauchen Sie mentale Stärke, Ausgeglichenheit und Konzentration auf das, was funktoniert. Beschäftigen Sie sich mit Coaching-Techniken. Es ist ähnlich wie im Hochleistungssport. Da hat auch jeder einen Coach. Anfangs müssen Sie Ihr eigener Coach sein. Es geht oft nicht darum, neue Strategien zu lernen, sondern das, was man sowieso schon weiß, noch besser zu machen. Das heißt, disziplinierter sein, genauer zu arbeiten, oft einfache Prinzipien zu wiederholen. Wiederholung beschleunigt die Lernkurve erheblich. Sie brauchen eine gewaltige Portion Selbstvertrauen, um in Verlustphasen konsequent Ihre Signale zu traden. Dieses Selbstvertrauen müssen Sie entwickeln. Es kommt wie überall im Leben nicht einfach von selbst, sondern davon, dass Sie tausende Tradingentscheidungen treffen und lernen, was funktioniert und was nicht funktioniert. Dann wird es Ihnen irgendwann auch egal sein, was Zeitung XXX über Gold oder den DAX schreibt. In diesem Zusammenhang ist es von erheblichem Vorteil, die eigenen Trades konsequent zu dokumentieren und zu analysieren. Denn jede Tradingidee ist, sobald sie niedergeschrieben wurde, ein eigenes Tradingsystem. Meine Erfahrung ist: Wer schreibt, der bleibt.

► Wie schon öfter erwähnt, ist die wichtigste Regel die Regel Nr. 1:

Diese lautet: NIEMALS GELD VERLIEREN

Sie müssen sich bewusst machen, wie wichtig es ist, Ihr Kapital zu schützen, dann werden Sie auch weniger versucht sein, hoch spekulative Trades einzugehen. Die meisten Menschen werden an dieser Stelle sagen: »Ja das weiß ich doch eh schon, ist ja eine Binsenweisheit«. Jedoch stellt sich die Frage: Tun Sie es auch? Fast alle erfolglosen Trader machen immer und immer wieder die gleichen Fehler: einem Titel nachlaufen, Stops ignorieren, gegen den Trend handeln, zu viel agieren, traden, obwohl keine Signale da sind, zu hohe Risiken eingehen. Wirkliche Profis schützen ihr Kapital wie eine Bärenmutter ihre Jungen. Ihr Kapital erhält SIE am Leben, Sie sollten es nicht durch ein oder zwei sinnlose Trades vernichten. Eine der besten Regeln ist, nichts zu tun, ja absolut gar nichts, außer es gibt etwas zu tun. Nur wenn es wirklich gute Signale gibt, die Sie einfach trendfolgend handeln können, sollten Sie aktiv werden. Die meiste Zeit werden Sie jedoch an der Seitenlinie stehen.

Aus der Behavioural Finance lassen sich also ein paar Handelsregeln ableiten:

Hausarbeiten machen und vor dem Kauf und Verkauf ausführliche Informationen einholen.

- ► Emotionen ausblenden, den Spieltrieb zähmen und objektiv bleiben.
- ► Den Überblick für das große Ganze bewahren.
- ► Gerüchte ignorieren.
- ► Anlagehorizont beachten.
- ► Gewinne laufen lassen und Verluste minimieren.

► Chancen und Risiken nüchtern abwägen.

► Nicht der Masse nachlaufen und der Massenhysterie erliegen.

► Selbstgefälligkeit, Starrsinn und Selbstbetrug vermeiden, eigene Schwächen zugeben.

► Sein Kapital schützen.

► Keinen Trades nachlaufen.

► Disziplin, Disziplin, Disziplin!

► Ein Journal führen oder einen Blog schreiben, um sich selbst zu beobachten, zu lernen.

► Trades glattstellen, wenn die Emotionen übergreifen.

► Dir selbst vertrauen, ansonsten wirst du in Verlustzeiten deine Strategie nicht konsequent traden.

Wenn Sie glasklare Regeln für Ihr Trading haben, können Sie damit Ihre Emotionen weitestgehend ausschalten. Überlegen Sie sich daher Ihre eigenen Regeln zu Risikomanagement, Entry und Exit bzw. Stop-Setzung.

Emotionsloses Trading

Hysterien und Blasen

Erinnern Sie sich an die Spekulationsblase, die sich bis März 2000 an den Weltbörsen breit gemacht hatte? Da ging es zunächst unspektakulär los. Als 1982 die Hausse in den USA ihren Anfang nahm, verdienten zunächst nur wenige daran. Im Aktien-Entwicklungsland Deutschland wussten damals die meisten Menschen noch nicht einmal, wie man das Wort Aktie schreibt. Erst nach und nach entdeckten immer mehr Anleger das Thema Börse. Am Ende hatte der Bazillus Aktie dann aber fast jeden erwischt. Teilweise trug das Ganze sogar Züge von Massenhysterie. Wer mit offenen Augen durch die Welt ging, hätte spätestens da erkennen müssen, dass die Aktienmärkte ihre beste Zeit hinter sich hatten. Denn woher sollte weitere Nachfrage kommen, wenn bereits alle potenziellen Anleger engagiert sind? Hätten sie einen Blick auf einen Überkauft-Indikator im Monatschart geworfen, hätten sie die Situation einfach bewerten können. Doch die meisten Anleger wollten irrational Aktien kaufen, nur weil sie mitbekommen hatten, dass Otto Normalverbraucher plötzlich an der Börse Geld verdient. Wie war es 2008 und 2009? Wenn Sie auf die Charts geachtet hätten, hätten Sie dann vielleicht einen Boden im Frühjahr 2009 erkennen können? Wie war die Nachrichtenlage? Was hat die Masse gedacht und gemacht?

Wie so oft, sieht man aber den Wald vor lauter Bäumen nicht. Damit wird niemand verurteilt, denn Fehler sind menschlich. Überhaupt wimmelt es an der Börse nur so vor menschlichen Schwächen. Die Ursache, warum das so ist, hat mit Gier, Massenhysterie, Herdenverhalten, Gruppenzwang, Neid und Selbstbetrug zu tun. Es treten immer wieder ähnliche Verhaltensmuster auf. Zu Beginn einer Blase fängt alles ganz harmlos an. Ein Wachstumssegment, das in Schwung kam, nahmen zunächst nur die Insider wahr. Erst als man merkte, dass es Geld zu verdienen gab, sprangen immer mehr Anleger auf den Zug auf. Schließlich wollte man dabei sein und sich auch an der Geldmaschine bedienen. Das geht auch lange gut. Aber nur so lange, bis der Zug wegen Überfüllung von den Gleisen rutscht. Und dann geht es oft sehr, sehr schnell.

Sie sollten sich einmal die Frage stellen, wie Sie mit Ihren Emotionen an der Börse zurechtkommen. Übernehmen die gesteigerten Emotionen die Regie über Ihr Handeln? Lassen Sie sich nicht von Ihrer Handelsstrategie, sondern von Panik, Gier oder Angst leiten?

Das folgende Diagramm zeigt den typischen Verlauf der Emotionen, der sich auch in Charts niederschlägt. Zuerst treibt Hoffnung die Kurse, dann baut sich durch die Bestätigung der Annahmen auf der Hoffnung Gier auf, die schließlich in Euphorie endet. Euphorie ist immer das Ende und Depression der Anfang einer Trendwende. Nach dem Höchststand werden die Anleger ängstlich und nach weiteren Kursverlusten panisch, bis es schließlich zur Depression kommt. Dann wiederholt sich der Kreislauf. Erfolgreiche Trader lernen mit diesem Zyklus umzugehen und erkennen die aktuelle Lage an den Märkten.

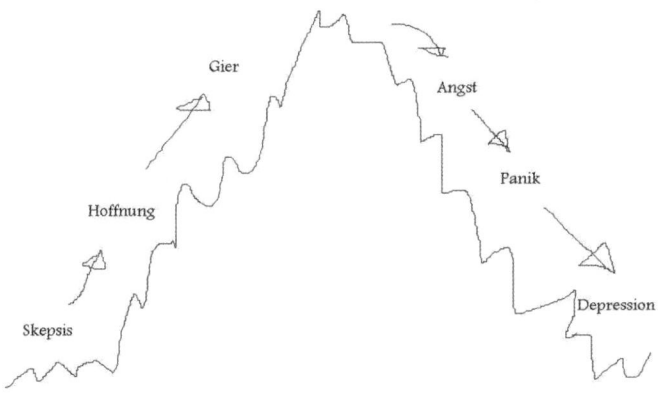

Der Klassiker in Abb. I: Emotionszyklus der Marktteilnehmer

In diesem Zusammenhang gibt es auch den sogenannten Zeitungsindikator.

Der Zeitungsindikator ist ein von Börsenspekulanten verwendeter umgangssprachlicher Begriff. Er bezeichnet ein marktpsychologisches Signal, das auf das baldige Eintreten einer Trendwende des Aktienmarktes hinweist und den möglichen Beginn einer Baisse einläutet. Der Name spielt auf die Veröffentlichungen reißerischer Schlagzeilen auf den Titelseiten der Boulevardpresse während der Endphase einer Spekulationsblase an, die große Gewinnmöglichkeiten am Finanzmarkt versprechen und das Herdenverhalten unter den Anlegern verstärken.

Im ersten Quartal 2000 druckte die Boulevardpresse (darunter die BILD-Zeitung) Schlagzeilen auf ihren Titelseiten über die Goldgräberstimmung am Neuen Markt, nachdem die Kurse schon in den vorangegangenen Monaten mehrmals Höchststände erreicht hatten. Dies ermutigte viele Kleinsparer, die noch nie zuvor Aktien gekauft hatten, in euphorischer Erwartung weiterer Kursgewinne Geld spekulativ an der Börse zu investieren und Aktien unter anderem vom Neuen Markt zu kaufen. Schon kurz darauf, im März 2000, begann eine drei Jahre andauernde Talfahrt der Börse, in der viele Kleinanleger, die erst in den letzten Monaten auf den Zug aufgesprungen waren, ihre Ersparnisse verloren. Die Kurse vieler zuvor von der Presse angepriesener Aktien fielen um mehr als 90 Prozent.

Das Muster, nach dem die Hysterien ablaufen, ist ähnlich gestrickt wie die berühmte holländische Tulpenmanie, die sich zwischen 1634 und 1637 abspielte. Damals wie heute glaubte man, unbedingt mitmischen zu müssen. Wie eine Herde Lemminge stürzte man sich auf Tulpen oder zuletzt eben auf Aktien. Die Annahme lautete: Was so lange so hoch gestiegen ist, wird bestimmt noch weiter steigen. Besonders gierig wurden diejenigen, die zuvor noch nicht am Futtertrog Platz genommen hatten. Denn sie sahen voller Neid und mit Schmerzen, dass der Nachbar oder der beste Freund immer reicher wurde, man selbst aber nicht dabei war.

Das Problem ist, dass Menschen oft emotional Entscheidungen treffen und nicht rational. Ihre Risikoeinstellung wird davon bestimmt, wie Sie sich im Moment fühlen. Sind Sie heute gut gelaunt und selbstbewusst, werden Sie vielleicht lockerer mit der Positionsgröße umgehen. Dann geht es fünfmal gegen Sie und Sie haben auf einmal 40 Prozent Ihres Kapitals verloren. Eigentlich sollten Sie jetzt eiskalt Ihre Trades weiter ausführen, um auf einen positiven Erwartungswert zu kommen, doch Ihre Angst, dass Sie nochmals daneben greifen, hält Sie davon ab. Sie sind wie gelähmt. Ihre Risikobereitschaft ist genau zum schlechtesten Zeitpunkt geschrumpft. Hohe Risiken können auch hohe Renditen erwirtschaften, doch wenn Sie diese Risiken eingehen, müssen Sie wissen, wie hoch Ihr Drawdown sein kann, um unter Berücksichtigung dieses möglichen Verlusts ganz normal weiter traden zu können. Ihre Risikotoleranz muss zu Ihrem Tradingstil passen. Also fragen Sie sich: Wie viel bin ich bereit zu verlieren, um bei Verlust immer noch normal weiter traden zu können? Ihre emotionale Gemütslage sollte in keinem Fall Ihre Entscheidungen, wie Sie die Märkte beurteilen und wie Sie Entscheidungen treffen, beeinflussen. Ihr Tradingjournal kann Ihnen dabei helfen zu erkennen, ob Ihre Gemütslage zu Zeiten der Trade-Ausführung verändert war. Selbstmonitoring ist die Voraussetzung, um eigene Fehler entdecken zu können. Versuchen Sie darauf zu hören, was Ihnen Ihre innere Stimme sagt. Ist Ihr innerer Monolog eher destruktiv oder unterstützend?

Arroganz und Hochmut sitzen auf demselben Ast!

Selbst als der Bogen längst überspannt war, wurde das nicht mehr erkannt. Warnzeichen wurden entweder verdrängt oder als Fehlsignale abgelehnt. Letztlich wurden die hohen Kurse sogar mit neuen Bewertungsgesetzen verteidigt. Historisch betrachtet ein untrügliches Zeichen dafür, dass die Party vorbei ist. Die dabei bei der Mehrheit der Anleger vorherrschende Einstellung bezeichnet der Wirtschaftsprofessor und Behavioral Finance-Experte Rüdiger von Nitzsch von der Technischen Hochschule in Aachen zutreffend als »erlernte Sorglosigkeit«. Schließlich hatte man eingetrichtert bekommen, dass sich Aktien immer lohnen, wenn man nur lange genug durchhält.

Dabei hätte man es besser wissen können. So hatte der US-Notenbankchef Alan Greenspan schon am 5. Dezember 1996 vor übertrieben hohen Aktienkursen gewarnt. Seine Rede von einem irrationalen Überschwang an den Börsen wurde nach einem kurzen Einbruch aber schnell wieder verdrängt und letztlich als wirres Gerede eines nicht mehr zeitgemäß denkenden alten Mannes abgetan. Ein teurer Fehler, wie sich mittlerweile herausgestellt hat.

Doch alle, die nun ihre Verluste zählen und jetzt zum ersten Mal etwas von Behavioral Finance gehört haben, brauchen sich nicht zu grämen. Denn die Geschichte lehrt, dass dies nicht die letzte Kursblase an den Börsen gewesen ist. Die nächste irrationale Übertreibungsphase kommt bestimmt. Jeder wird also noch einmal Gelegenheit bekommen, die hier erörterten Strategien anzuwenden.

Handel mit Hebel:
kleiner Einsatz – große Wirkung

Vermutlich wollen Sie ein CFD-Konto eröffnen, weil Sie wissen oder gelesen haben, dass Sie damit von steigenden UND fallenden Kursen profitieren können und mit möglichst viel spekulativem Kapital an den Märkten unterwegs sein können. Sie können mehr Geld bewegen, als Sie auf dem Konto haben? Da haben Sie absolut Recht, das können Sie mit CFDs machen! Für CFDs bräuchte man eigentlich so etwas wie einen Finanz–Waffenschein! Sie können mit diesem Instrument Ihr Depot in Minuten an die Wand fahren oder vervielfachen. Es liegt in Ihren Händen. Doch wenn Sie CFDs zum Zocken benutzen, weil Sie gerne an den Märkten »herumprobieren und spielen«, dann wird Ihr Depot schneller weg sein als Sie »Margin Call« sagen können. Wenn Sie klug handeln, können Sie mit CFDs schöne Trends mit viel Fremdkapital reiten und dicke Profite einstecken, doch das wird Ihnen nur dann etwas bringen, wenn Sie sich an Ihr Money Management halten. Ansonsten werden Sie zum Zocker und der schöne, gute Hebel bringt Ihnen im Endeffekt außer einem Totalverlust gar nichts. Also überlegen Sie sich gut, wie Sie mit diesem anspruchsvollen Instrument und vor allem mit Ihrem Geld umgehen!

Viele wissen gar nicht genau, was ein CFD ist, wenn sie drauflos traden. Wenn Sie dieses Kapitel lesen, sind Sie schon klar im Vorteil.

Vorteile der CFDs

CFD (Contract for Difference) bedeutet Differenzgeschäft.

Ursprünglich wurden CFDs von großen Institutionen verwendet. Heute sind CFDs Instrumente, die auch von Privatanlegern verwendet werden.

Wie der Name vermuten lässt, ist ein CFD ein Ausgleichsgeschäft zwischen dem Kaufpreis und Verkaufspreis eines Titels, wie zum Beispiel einer Aktie, einer Währung oder eines Rohstoffs. Der Anleger hat ein Recht, bei einem erfolgreichen Engagement den Gewinn zu erhalten und bei einer Fehlspekulation die Pflicht zur Zahlung der Verlustes. Ein Contract for Difference wird auf unbestimmte Zeit abgeschlossen und ist damit klar von Termingeschäften abzugrenzen. Sie haben also bei einem Aktien-CFD nie die echte Aktie, sondern Sie wetten nur mit dem synthetischen Titel. Damit haben Sie auch keine Stimmrechte. CFDs wurden konstruiert, um attraktiv am Markt spekulieren zu können. Ein CFD spiegelt die Performance eines Titels (auch »zugrunde liegender Wert« genannt) wider und bietet den Vorteil, diese Titel handeln zu können, ohne sie effektiv besitzen zu müssen. Einer der größten Vorteile von CFDs ist, dass man mit CFD-Positionen sowohl Long (kaufen) als auch Short (verkaufen) gehen kann. Das heißt, man kann etwas verkaufen, das man nicht wirklich besitzt. Man kann somit auch von fallenden Kursen profitieren. Bei einer Entscheidung für »Long« profitiert man von einem Anstieg des Kurses des zugrunde liegenden Handelsinstrumentes und macht einen Verlust, wenn dieser fällt. Umgekehrt profitiert man von einem Kursrückgang des zugrunde liegenden Wertes, wenn man »Short« geht und man realisiert einen Verlust, wenn der Kurs steigt.

CFDs werden auf Margin gehandelt. Dies bedeutet, dass nur ein kleiner Teil des Wertes einer Position bereitgestellt werden muss, um den Handel durchzuführen. Dadurch kann sich die eventuelle Rendite durch Ausnutzung des Hebeleffektes vergrößern oder aber der Verlust erhöhen! Sie können Ihr Risiko genauer steuern! Der Hebel macht es zum Beispiel möglich, mit eigenem Kapital von nur 5.000 € bis zu 500.000 € zu bewegen, was einem Hebel von 100:1 entspricht. Damit kann man bei einer kleinen Marktbewegung in die richtige Richtung, in Bezug zum eingesetzten Kapital, unglaublich viel Gewinn erzielen. Wenn der Markt jedoch gegen einen läuft, reicht eine kleine Bewegung aus, und man ist sein eingesetztes Kapital los. Sie können aber auch bewusst kleine Positionen eingehen und mit kleinem Risiko arbeiten! Sie sehen, CFDs bieten Ihnen viel Flexibilität in Ihrem Trading. Der Vorteil gegenüber Derivaten wie Optionsscheinen, KnockOut-Produkten und anderen Zertifikaten ist, dass sie einfach zu verstehen und leicht zu handeln sind. Bei Optionsscheinen müssen Sie für alles komplexe Rechnungen anstellen. Mit CFDs ist das einfach. Sie kaufen und verkaufen genau so viel, wie Sie wollen, und voilà, schon haben Sie den Hebel automatisch eingebaut. Zertifikate sind im Vergleich auch

relativ komplex. Sie brauchen bei CFDs keine Mindest-
schwellen oder versteckte komplexe Gebühren usw. zu
beachten. Sie können sich Ihre Konstruktionen mit dem
Hebel selbst basteln und Ihre Stops speziell definieren!
Sie können CFDs auch gut zum Hedgen verwenden. Das
bedeutet, Sie sichern Ihre Positionen zum Beispiel am
Aktienmarkt mit Gegenpositionen unter Verwendung
von CFDs ab. CFDs sind ein sogenanntes OTC-Produkt,
was bedeutet, dass sie außerbörslich, nicht im geregel-
ten Börsenhandel, gehandelt werden. Die Merkmale wie
zum Beispiel Preis, Menge, Laufzeit werden zwischen
den Handelspartnern vereinbart.

CONTREX: CFD-Handel mit Bestpreisgarantie

Seit Kurzem gibt es die Möglichkeit, CFDs zu handeln,
wo und wann immer Sie wollen. Sie wünschen sich
absolute Transparenz bei der Preisstellung? Sie wollen
CFDs mit Bestpreisgarantie? Das können Sie jetzt mit
überwachten CFDs über CONTREX, dem neuen Handelsplatz in Kooperation mit der Bayerische Börse AG. Bei
diesem in Europa einzigartigen Handelsmodell überprüfen die Mitarbeiter der Handelsüberwachungsstelle, ob
Ihre Order zu marktgerechten Preisen gemäß dem Re-
ferenzmarktprinzip ausgeführt werden. Dadurch garantiert der CFD-Handel über CONTREX den besten Preis
und sorgt für eine transparente, jederzeit nachvollzieh-
bare Preisstellung.

Realtime-Kurse und Charts sind bei der Handelsplattform inklusive. Sie können sich fast wie ein Profi füh-

len: Realtime-Kurse tickern nonstop über den Bildschirm. Um einen Kauf oder Verkauf zu tätigen, sind nur wenige Mausklicks notwendig. Eine ganze Reihe von Ordertypen wie Limit, Markt- oder Stop-Order können genutzt werden. Und Chartmodule liefern in Echtzeit ein Abbild über den Trend, den die Aktie oder der Rohstoff Ihrer Wahl gerade einschlägt. Sie haben eine Vielzahl von Basiswerten wie Aktien, Indizes, Zinsen und Rohstoffe zur Verfügung und können sich die besten und schönsten Trends an allen Märkten suchen. Sie sparen sich damit den Stress, 100 verschiedene komplexe Produkte handeln zu müssen und halten alles ganz einfach und können zeitlich sehr flexibel arbeiten. Das Prinzip von CONTREX ist ein Meilenstein im Bereich des CFD-Handels und macht diesen bisher teilweise unübersichtlichen Markt sehr transparent und nachvollziehbar.

Risiko / Positionsgrößenberechnung mit CFDs

Mit CFDs haben Sie ein sehr spekulatives Instrument in der Hand. Sie können Ihr Risiko sehr fein steuern, es hängt also nur von Ihnen ab, wie viel Sie riskieren wollen. Hier kommt die Wichtigkeit von Stops wieder zum Vorschein. Sie können mit riesigen Positionen nur ein ganz kleines Anfangsrisiko fahren, indem Sie zum Beispiel mit einem 10.000 Euro Depot für 100.000 Euro Aktien kaufen und einen sehr engen Stop-Loss setzen. Das heißt, wenn es nur etwas gegen Sie läuft, werden Sie ausgestoppt und erleiden einen verhältnismäßig kleinen Verlust.

Der Hebel, der durch einen Margin-Kauf entsteht, wirkt immer in beide Richtungen: Mit einem Hebel von 100:1

könnte man bei einer Kursveränderung des Basiswertes um 1% einen Gewinn i.H. von 100% (1 Prozent x Hebel), also eine Verdopplung seines eingesetzten Kapitals erzielen, wogegen eine Kursbewegung in die entgegengesetzte Richtung einem Totalverlust entspricht. Der Hebel bezeichnet also die Spekulation mit Hilfe von Fremdkapital. Dadurch erhöhen sich das Gesamtkapital sowie das Risiko und somit die Eigenkapitalrendite. Also passen Sie gut auf, wie hoch Sie Ihren Hebel setzen. Wenn Sie mit einem Hebel von 10 unterwegs sind und ein Depot von 10.000 Euro haben, dann bewegen Sie satte 100.000 Euro! Da kann schnell ein hoher Verlust entstehen, wenn es gegen Sie läuft!

Man kann den Hebel mit folgender Formel berechnen:

> ► Hebel= Gesamtkapital/Eigenkapital

Wenn es gegen Sie läuft und Sie fast alles verloren haben, gibt es wie beim Futures-Handel zwei Möglichkeiten für den Anleger: Entweder der Anleger schießt neue Mittel als Sicherheit nach oder er schließt die Position. Unterschreitet das eingezahlte Kapital gewisse Grenzen, wird die Position teilweise »glattgestellt«. »Glattstellen« bedeutet das Eingehen der Gegenposition, wenn Sie daher Long sind und auf steigende Kurse setzen, können Sie diese Position auflösen beziehungsweise beenden, indem Sie eine Short-Position eingehen oder die Position einfach verkaufen. Wenn Sie Short sind, funktioniert es genau umgekehrt. Das Risiko, mehr Geld zu verlieren als eingesetzt wurde, besteht kaum. Lediglich bei großen Kurssprüngen, etwa über Nacht, könnte dies passieren. Ein Glattstellen kann vermieden werden, wenn Sie zusätzliches Kapital nachschießen und so die an die Margin gebundene Mindestschwelle wieder erhöht wird.

Kosten

Weil CFDs eine größtenteils kreditfinanzierte Möglichkeit des Kaufs der Basiswerte sind, entstehen natürlich Kosten für die Finanzierung. Diese richten sich an üblichen Tagesgeldsätzen aus, auf die gegebenenfalls noch ein Aufschlag erfolgt. So wird bei Kauf eines Finanzwertes ein entsprechender Finanzierungszins in Rechnung gestellt. Bei Leerverkäufen, also Short-Positionen, erhält der Anleger unter Umständen dafür aber sogar einen Zins. Die Berechnung der Zinsen erfolgt immer auf Tagesschlusskursbasis.

Des Weiteren müssen Sie den Spread bezahlen. Der Spread ist die Differenz zwischen dem Ankaufs- und Verkaufskurs. Wenn Sie also eine Aktie zu 45.51 $ kaufen, können Sie diese zur gleichen Zeit zum Beispiel nur zu 45.48 $ verkaufen. Die Differenz müssen Sie bezahlen. Der Spread variiert meistens von Basiswert zu Basiswert und je nachdem, wie das Underlying steht.

Das Thema Kosten ist natürlich in »Geiz ist geil«-Zeiten viel diskutiert. Dazu ist grundsätzlich zu sagen, dass natürlich alle Marktteilnehmer Geld verdienen wollen – Trader wie auch Banken. »Fair enough« würde ich sagen. Und bevor auf die »teuren Broker« losgegangen wird, möchte ich folgende Überlegung in den Raum stellen:

Kunden erwarten von ihren Brokern schließlich höchste Qualität in der Technik und im Service sowie höchste Sicherheit für das eingesetzte Geld. Diese Features verursachen eben auch Kosten – schließlich arbeitet (fast) niemand gerne umsonst. Die Kosten von CFDs liegen im Spread, darüber klären seriöse Banken auch im Vorfeld auf, Investoren, welche die Geschäftsbedingungen lesen, wissen das ohnehin. Und welcher Broker auch immer damit wirbt, keine Kommissionen oder Gebühren zu verlangen, so lehrt die Erfahrung: An der Börse wollen alle verdienen.

Ordertypen

Sie können mit CFDs verschiedene Order eingeben. Die typischsten Order sind:

► Market-Order
► Limit-Ordertypen
► OCO (one cancels other = Orderstorno)

Alle Ihre Orders können auf verschiedene Gültigkeit eingestellt werden. Üblich ist hier die Option »GTC« (Good Till Canceled = uneingeschränkt limitierte Order) und »Daily«. Bei »GTC« bleibt die Order so lange im System, bis sie von Ihnen manuell gelöscht wird. Bei »Daily« bleibt sie bis zum Tagesende im System und wird dann automatisch von der Software gelöscht.

Die Market-Order

Bei ihr steht die sofortige Ausführung des Kaufs oder Verkaufs im Vordergrund. Sie ist auch als »billigst« oder »bestens« bekannt. Sie können Ihr Engagement schnell eingehen oder beenden. Die Gefahr besteht jedoch, bei einem nicht gewünschten Preis ausgeführt zu werden, wenn sich der Preis des Wertpapiers schnell ändert, während Sie die Order aufgeben. Dann kann es zu schlechter Ausführung kommen. Wenn Sie End of Day (Tagesschlusskurs) handeln, ist es oft besser, mit anderen Ordertypen wie Limits und Stops zu arbeiten.

Die Limit-Order

Wenn Ihnen der Ausführungspreis wichtig ist, sollten Sie besser mit der Limit-Order arbeiten. Der Auftrag wird nur dann ausgeführt, wenn am Markt der gewünschte Preis auch auftritt. Es besteht also die Gefahr, dass eingegebene Orders gar nicht ausgeführt werden. Übrigens müssen Limits immer etwas unterhalb oder oberhalb des An- beziehungsweise Verkaufskurses gelegt werden, je nachdem, ob Sie Short oder Long gehen wollen.

Die Stop-Order

Stop-Orders sind wohl die wichtigsten Orders, denn sie werden in der Regel gesetzt, nachdem Sie eine Position eingegangen sind, um sich abzusichern. Sie ist sozusagen Ihre Versicherung, falls es gegen Sie läuft, dass Sie bei dem angegebenen Kurs aussteigen. Eine Stop-Order kann entweder den Kauf einer Position auslösen oder den Verkauf. Die genaue Ausführung der Stop-Order können Sie nicht vorhersehen. Eine Stop-Order ist im Prinzip eine schwebende Order, die bei Erreichen des eingegebenen Preises zu einer Market-Order umgewandelt wird. Sie können also mit einer Stop-Order ausgezeichnet Ihre Verluste begrenzen. Diesen Vorteil sollten Sie nutzen! Außerdem können Sie Ihre Positionen mit Stop-Orders aufbauen und vergrößern, wenn es in Ihre Richtung läuft.

CFD Tradingstrategien

Hier ein Tradingbeispiel:

Sie sind der Meinung, dass die Aktie der Volkswagen AG steigt. Sie kaufen also 2.000 Volkswagen-CFDs zu 75,00. Quotierung (Geld/Brief) 75,95/76,00, Menge 2.000, Eigenleistung (1%), EUR 1520. Ihre Vermutung war richtig und die Volkswagen-Aktie steigt nach 10 Tagen auf 80,00 (Quotierung Geld/Brief: 80,00/80,55). Nun wollen Sie die Position schließen und verkaufen 2.000 Volkswagen CFDs zum Geldkurs von 80,00. Quotierung (Geld/Brief) 80,00/80,55. Verkaufspreis 80,00, Menge 2.000.

Wie viel Gewinn haben Sie gemacht?

Dies können Sie mit folgender Formel ausrechnen:

Handelsmenge x (Verkaufspreis – Kaufpreis) = Gewinn

In diesem Beispiel wären das: 2.000 x (80,00 – 76,00) = 8000 Euro.

Für die Finanzierungskosten hätten Sie ungefähr soviel bezahlt: (Wir rechnen mit einem Zinssatz von 2,5%): 2000 Stück x (Durchschnittspreis von 80 plus 76/2=78Euro) 78= 156.000,00 Euro Volumen hatte Ihr CFD-Trade. Davon müssen Sie 10 Tage Finanzierungskosten zahlen (und wenn Sie short gehen, erhalten Sie Zinsen!): 156.000,00/365 Tage x 2,5% Finanzierungskosten p.a.= pro Tag, Finanzierungskosten von 10,69 Euro. Für 10 Tage wären das also 106,9 Euro Finanzierungskosten.

Der Nettogewinn bei diesem Trade beträgt also ungefähr 7893 Euro!

Rohstoffhandel

Rohstoffe werden seit Jahrhunderten gewonnen, genutzt und gehandelt. Ja sogar ganze Epochen in der Geschichte werden nach Ihnen benannt, wie zum Beispiel die Steinzeit, die Bronzezeit oder die Eisenzeit. Seit der industriellen Revolution steigt der Bedarf an Rohstoffen.

Rohstoffe stellen mehr als ein Drittel aller Güter im Welthandel dar. Der Handel von Rohstoffen wird über organisierte Warenterminbörsen abgewickelt, wie zum Beispiel die Chicago Mercantile Exchange (CME) für landwirtschaftliche Produkte, die New York Mercantile Exchange (NYMEX) für Metalle und Erdöl und die London Metal Exchange für Metalle. Doch zu Ihrem Glück können Sie derivativ Rohstoffe auch über CFDs handeln und umgehen so die aufwändig gestalteten und oft teuren Merkmale der Terminkontrakte! Das ermöglicht Ihnen, unkompliziert an einem sehr interessanten Markt teilzuhaben.

Kein Rohstoff ist unbegrenzt auf der Erde vorhanden. Das weltweite Wachstum der Bevölkerung und der steigende Lebensstandard sowie ein verschwenderischer Umgang mit Rohstoffen in unserer Gesellschaft führen zu einer immer größeren Rohstoffknappheit. Das beste

Beispiel sind fossile Rohstoffe wie Erdöl, die laut Hubbert-Kurve im Jahre 2050 nur noch in geringen Mengen vorhanden sein werden. Ein weiteres Problem ist die begrenzte Wiederverwertbarkeit, da bestimmte Rohstoffe nicht komplett wiederverwertet werden können. Vielleicht werden diese Probleme in Zukunft einmal durch Rückgewinnung der Rohstoffe aus derzeit unwirtschaftlichen Quellen, wie zum Beispiel Meerwasser, gelöst, doch davon sind wir noch weit entfernt. Bis das passiert, wird die Nachfrage langfristig nach Rohstoffen vermutlich steigen.

Es gibt einige Profis, die ähnliche Auswirkungen erwarten wie während der Ölkrise. Damals kam es zu wirtschaftlicher Stagnation und Zwangseinschränkungen der Bevölkerung (zum Beispiel Sonntagsfahrverbot). Bei wenigen exotischen Rohstoffen deutet sich schon über einen kurzfristigen Zeithorizont eine Verknappung an, ein Beispiel sind die Metalle Indium und Gallium.

Bei Rohstoffen sind die Zyklen lang, weil es auch lange dauert, bis neue Ressourcen erschlossen sind. Nehmen wir an, wir wollen ins Bleigeschäft einsteigen, dann müssen wir zunächst einmal Bleivorkommen finden, dann das Geld für den Bau der Bleigrube. Jetzt kommen die Gewerkschaften, die Umweltschützer und der Staat. All das dauert Jahre! In der Zwischenzeit gehen die Vorkommen anderer Gruben zur Neige, während die Nachfrage steigt.

Doch warum interessiert uns das? Wir wollen ja mit CFDs und Rohstoffen Geld verdienen.

Neben der technischen Analyse deuten auch die fundamentalen Rahmenbedingungen darauf hin, dass mit einer Verknappung von Rohstoffen und einem steigenden Bedarf gerechnet werden muss. Langfristig gesehen regeln Angebot und Nachfrage den Preis der Märkte. Ein Bullenmarkt (Markt mit stark steigenden Kursen) kommt zustande, wenn das Angebot zurückgeht und die Nachfrage steigt. Der Knackpunkt ist, dass Rohstoffe nicht sehr schnell nachproduziert werden können und das Angebot weltweit schneller steigt, als mehr Rohstoffe erzeugt werden können. Das kann sogar in einer Rezession der Fall sein, was auch die Tatsache beweist, dass es in Krisenzeiten Rohstoff-Bullenmärkte gegeben hat. Aus dieser Entwicklung ergeben sich hervorragende Chancen für den Anleger in Rohstoffen. Deswegen sollten Sie sich diese Anlageklasse in den nächsten Jahren genauer anschauen und sich damit vertraut machen.

Valentin Rossiwall, Trader und Blogger auf daytrading. de, sieht weitere Gründe für einen Anstieg des Rohstoffbedarfs:

»Der Hauptgrund dafür ist die Entwicklung Chinas. China hatte viele erfolgreiche Phasen im Laufe seiner Geschichte. Es gab natürlich auch katastrophale Etappen. Es gibt 1,3 Milliarden Chinesen in China, dazu kommen mehrere 100 Millionen, die außerhalb Chinas leben. Es wird massive Auswirkungen haben, wenn 1,3 Milliarden Chinesen Auto fahren, einen Wäschetrockner besitzen und Flachbildschirme kaufen. Es liegt auf der Hand, dass es massive Folgen für die Märkte haben wird, wenn 1,3 Milliarden Konsumenten in den Weltmarkt treten. Betrachtet man Asien als Ganzes, sind es sogar 3 Mil-

*liarden neuer Konsumenten. Diese wachsende Weltbe-
völkerung wird Rohstoffe brauchen und nur eine kleine
prozentuelle Pro-Kopf-Änderung der Nachfrage nach
Rohstoffen der Chinesen hat auf die Gesamtnachfrage
nach Rohstoffen dramatische Auswirkungen. Natürlich kann China auch in eine Rezession schlittern, doch
langfristig sieht es so aus, als würde China die neue
Supermacht werden. Auch die USA hatten anfangs des
letzten Jahrhunderts ein paar Rückschläge.«*

Natürlich ist es für Trader von Rohstoffen dann wichtig zu wissen, wie es China wirtschaftlich geht. Das
Problem ist, dass es schwierig ist, korrekte Daten über
die ökonomische Lage zu bekommen. Hinzu kommt,
dass einige aus den eventuell verfälschten Daten eine
gute Entwicklung, andere eine schlechte Entwicklung
ablesen. Wer hat nicht schon einmal am selben Tag
zehn verschiedene Meinungen von Analysten über die
Wirtschaftsdaten zu einem Thema gelesen? Ich kenne
dieses Phänomen nur allzu gut. Wie kann man aber
schnell, effektiv und einfach ein wahres Bild des Marktes bekommen?

Die Lösung bringt der daytrading.de Kupfer-China-In-
dikator:

Kupfer ist fast in allen Produkten, die China in größeren
Mengen produziert, enthalten, und wenn China wenig
produziert, hat das zur Folge, dass die Kupfer-Nachfrage
sinkt und damit auch über kurz oder lang die Kupferpreise. Steigen die Kupferpreise, dann heißt das, dass
China auf dem Weg der Besserung ist.

*Abb. 2: Der Kursverlauf des Kupferpreises seit der Finanzkrise –
Wochenchart*

Trends beginnen gewöhnlich unter Ausschluss der Öffentlichkeit. Je länger sie anhalten und je spektakulärer sie verlaufen, desto mehr Aufmerksamkeit erregen sie. Solange die fundamentalen Triebkräfte intakt sind, stellt das kein Problem dar. Denn die fundamentalen Kräfte wirken auch, wenn viele Menschen sie erkannt haben. Bei Rohstoffen sind die fundamentalen Triebkräfte intakt und viele Rohstoffe haben die Aufmerksamkeit der Öffentlichkeit noch nicht gefunden. Irgendwann kommt es dann zu drastischen Überbewertungen an den Märkten. Dann ist der Trend zwar immer noch intakt, aber euphorische Anleger nehmen seine weitere Entwicklung bereits auf viele Jahre vorweg. Sie zahlen überhöhte Preise, die eine attraktive Wertentwicklung verhindern. Das ist der typische Verlauf einer Spekulationsblase. Sollte das passieren, müssen Sie vorsichtig werden und ganz genau auf die Charttechnik achten.

Ein weiterer Grund, warum Rohstoffe für Sie interessant sind, ist, dass sie prinzipiell nicht auf Schocks, die von makroökonomischen Nachrichten ausgelöst werden, reagieren.

Interessant ist auch, dass Rohstoffe in der Geschichte oft eine negative Korrelation zu Aktien zeigten. In der Seitwärtsphase an den Aktienmärkten von zum Beispiel 1971-1974 gab es schöne Aufwärtstrends in Rohstoffen.

Valentin Rossiwall, Blogger und Rohstoff-Anlageexperte, sagt dazu:

»In Zeiten guter wirtschaftlicher Entwicklung bleiben Rohstoffe selbst von Inflationsnachrichten weitgehend unberührt. Wenn Sie von schönen Trends in Zeiten wirtschaftlichen Abschwungs profitieren wollen, schauen Sie sich Rohstoffe an. Die meisten Anleger sind versteift auf Aktien, dabei liegen in anderen Assets oft viel attraktivere Chancen!«

Wie können Sie einen Überblick über die Rohstoffpreise bekommen?

Die Preisentwicklung von 19 für den Welthandel relevanten Rohstoffen misst der CRB-Index. Er wurde erstmals 1957 vom Commodity Research Bureau (CRB) in den USA berechnet. Der Index ist der weltweit älteste unter den großen Rohstoffindizes und gilt als übergeordneter Indikator für den gesamten Rohstoffsektor. Weiter bekannt ist der S&P 500 GSCI (Goldman Sachs Commodity Index). Der Index enthält 24, an Terminmärkten der OECD gehandelte Rohstoffe aus fünf unterschiedlichen Bereichen:

- ► Energie
- ► Industriemetalle
- ► Edelmetalle

► Agrargüter
► Lebendvieh

Um noch ein Beispiel zu zeigen, nachfolgend der Chart von Natural Gas (Future). Man sieht auch die starke Korrektur aufgrund der Finanzkrise. Hier könnte sich beispielsweise ein interessanter Aufwärtstrend formen!

Abb.3: Natural Gas Future – Wochenchart

Die Rohstoffe werden hinsichtlich ihres Anteils an der Weltproduktion gewichtet. Zugrunde gelegt wird dabei der Durchschnitt der vergangenen fünf Jahre. Monatlich erfolgt eine Indexanpassung. Sie können auch einfacher die Charts der einzelnen Rohstoffe beobachten und nach Aufwärtstrends Ausschau halten.

Forex: den weltgrößten Finanzmarkt traden

Der Forex-Markt – oder auch FX-Markt – ist der Scheideweg des internationalen Kapitals. Hier stellen globale Finanz- und Investmentströme den nicht spekulativen Teil des FX-Marktes dar: Ob nun ein deutscher Rentenfonds in amerikanische Treasury Bonds investiert oder ein britisches Unternehmen einen chinesischen Zulieferer kauft – früher oder später findet sich diese »Transaktion« am Währungsmarkt wieder.

Forex-Handel ist gerade deshalb so beliebt, weil sich beinahe jeder Anleger dort mit einem kleinen Konto und großem Hebel beteiligen kann. Mittlerweile ist es unkompliziert möglich, im Online-Handel Forex zu traden. Ich blicke inzwischen auf mehr als 20 Jahre Erfahrung im Forex-Handel zurück und halte dieses Segment nach wie vor für hochinteressant und attraktiv. Warum? Der Forex-Markt ist der größte unregulierte Markt der Welt. Über 1.5 Billionen € (1.500.000.000.000) werden dort täglich umgesetzt! Das ist das 10–15-Fache des Tradingvolumens aller Aktienmärkte zusammen!

Der Forex-Markt ist gleichzeitig der am schwierigsten zu handelnde Markt: Die Kursbewegungen sind häufig scharf und schnell und unterliegen mannigfaltigen politischen und finanzpolitischen Entscheidungen. Paradoxerweise tummeln sich hier trotzdem viele Anfänger. Seien Sie also gewarnt: Der teilweise exorbitante Hebel erlaubt Ihnen schon das Trading mit sehr kleinen Konten. Sie geraten schnell in die Nachschusspflicht. Seien Sie sich dieses Risikos bewusst.

Wussten Sie eigentlich, dass Sie schon unfreiwillig Forex-Trader waren, bevor Sie sich überhaupt mit der Börse beschäftigten? Bevor der Euro eingeführt wurde, haben Sie bei jeder Reise ins Ausland Ihr Geld in die Fremdwährung des Reiselandes umtauschen müssen. Nehmen wir an, Sie fliegen in die USA und erwerben dort für 100 $ Kleidung. Zum Zeitpunkt des Kaufs wird Ihr Konto zum aktuellen Wechselkurs belastet: 100 $/1.43 = ca. 70 Euro. Abgesehen von Einfuhrbestimmungen, Steuern und anderen Kosten haben Sie so ein Schnäppchen gemacht – denn die Kaufkraft von 100 $ entspricht in etwa der Kaufkraft von 70 Euro. So wundert es nicht, dass in den letzten Jahren der ein oder andere Shopping-Boom in den USA ausgebrochen ist.

Der kleine Unterschied zwischen Ihnen als ungewolltem FX-Trader und einem Profi ist hierbei lediglich die Summe des Geldes: Forex-Trader bewegen natürlich ein Vielfaches durch den Markt. Trades haben nicht selten die Größe von 200-500 Millionen USD.

Der überwiegende Handel im Forex-Bereich findet in drei großen Ländern statt: USA, Großbritannien, Japan

(China). Der restliche Handel findet vornehmlich in Singapur, der Schweiz, Deutschland, Frankreich, Australien statt. Den größten Teil des Handels machen mit knapp 18 Prozent die USA aus.

Forex-Trading ist so beliebt, weil es 24 Stunden am Tag möglich ist. Es gibt keinen Börsenschluss wie am Aktien- oder Rohstoffmarkt. In den großen Währungspaaren kommt es laut FED teilweise zu bis zu 18.000 Wechselkursquotierungen am Tag.

Fazit

Beim Forex-Trading spekulieren Anleger über den Wert einer Währung im Vergleich zu einer anderen (zum Beispiel Euro gegen den US Dollar – EUR/USD). Es gibt über 200 verschiedene Wechselkurspaare. Der Forex-Markt ist der größte unregulierte Markt der Welt. Die FED schätzt den täglichen Umsatz auf über 1 – 1.5 Trillionen US-Dollar ein. Nicht selten finden sich große Hebel von 200:1 oder sogar 400:1. Diese Tatsache lockt viele Anleger mit kleinen Tradingkonten an.

Einflussfaktoren auf den FX-Markt

Es gibt eine Fülle von Einflussfaktoren auf den FX-Markt. Um es auf einen wesentlichen Einflussfaktor zu reduzieren: Information.

Nun ist es natürlich so, dass jeder Markt von Informationen getrieben wird. Im Forex-Bereich aber spielen, wie bereits beschrieben, finanzpolitische Entscheidungen eine exorbitante Rolle bei Kursbewegungen. Fundamentaldaten reflektieren die makroökonomischen Gegebenheiten eines Staates, dessen Währung am FX-Markt gehandelt wird. Marktbewegende Informationen sind überwiegend:

► Wirtschaftsdaten und Indices (BIP, Handelsbilanz, ISM-, PMI-, PPI-Index und andere)
► Zinsraten (EZB, FED)
► Fiskalpolitik
► Arbeitsmarktdaten
► Geopolitische Probleme
► Gerüchte und Spekulationen nach Statements der FED oder EZB, die richtungweisende Anhaltspunkte enthalten.

Zusätzlich sind die Meinungen zu Politik und Wirtschaftsleistung und damit die Geldpolitik eines Staates Triebfeder für Kursbewegungen einer entsprechenden Währung.

Sobald es zum Beispiel zu Wahlen oder politischen Entscheidungen zur Importpolitik, Kriegen o.Ä. kommt, reagiert der Währungsmarkt mit entsprechenden Ausschlägen.

Beobachten Sie einmal den Währungsmarkt, sobald die FED Ihre Zinsentscheidung veröffentlicht, und Sie bekommen eine Idee davon, wie Nachrichten die Märkte bewegen können.

Zusätzlich zu Fundamentaldaten wird der Währungsmarkt auch von technischen Phänomenen geprägt.

Technische Analyse findet wie in jedem Markt eine zunehmende Bedeutung und Nachrichten werden nicht zuletzt häufig an charttechnisch bedeutsamen Marken lanciert. Weitere Informationen zur Technischen Analyse finden Sie im Kapitel über Tradingstrategien.

Währungen und Gold

Gold wird allgemein als sicherer Hafen angesehen, sobald Inflationssorgen aufkeimen. Neben der Weltreservewährung USD findet Gold mehr und mehr Beachtung als eine alternative, »echte« Währung. Zusätzlich flüchten viele Anleger in Gold als sichere Anlage in Zeiten politischer und wirtschaftlicher Unsicherheit.

Zum US-Dollar besteht sogar auf lange Sicht eine echte negative Korrelation. Jedenfalls sagt man: Je schwächer der Dollar ist, desto stärker wird im Allgemeinen der Goldpreis und umgekehrt.

Schauen Sie sich einmal den tatsächlichen Korrelationskoeffizienten an, werden Sie Werte von -0.7 bis -0.3 finden. Also eine weite Spanne einer negativen Korrelation bis zu kaum vorhandener Korrelation. Trotzdem sollten Sie immer ein Auge auf die Rohstoffmärkte richten.

Oft kündigen sich hier erste Anzeichen einer folgenden korrelierten Kursbewegung auf dem FX-Markt an. Es gilt allerdings Korrelationen nicht überzubewerten. Irgendwann lösen sich Korrelationen auf und Ihre Strategie wird unprofitabel.

Abb. 4: EUR/USD Wochenchart mit Double-Bottom

Gold

Gold wird allgemein als sicherer Hafen in Inflations-zeiten gewertet. Somit stellt Gold eine Alternative zum USD dar. In Zeiten politischer und wirtschaftli-cher Unsicherheit finden Sie häufig steigende Gold- und Rohstoffpreise und einen fallenden Dollar. Starke Kursbewegungen im Goldmarkt ziehen häufig die Auf-merksamkeit der FX-Trader auf sich, da der US-Dollar fast immer eine negativ korrelierte Reaktion auf diese Kursbewegungen zeigt.

Abb.5: Gold-Kassa-Wochenchart: Aufwärtstrend

Das populärste Währungspaar:
der EUR/USD

Der EUR/USD ist das meist gehandelte Währungspaar im globalen FX-Markt. Aus diesem Grund ist es besonders liquide und attraktiv für eine Vielzahl von institutionellen und privaten Tradern.

Im EUR/USD Währungspaar wird der US-Dollar gegen die einzige Europäische Währung gehandelt: den Euro.

Als am 1. Januar 1999 über Nacht alle europäischen Währungen zunächst im FX-Handel zum Euro zusammengefasst wurden, entstand erstmals ein neues ökonomisches Gegengewicht zu den USA, ein Europa, das mit seiner eigenen Währung aufwarten konnte.

Der EUR/USD verhält sich invers zur Wertentwicklung des US-Dollars. Wenn der EUR/USD steigt, wird der Euro stärker und der Dollar verliert an Wert – und umgekehrt.

Die kleinste Preisbewegung wird Pip genannt und beträgt 0,0001 $.

Da die Liquidität im EUR/USD besonders hoch ist, sind die Spreads im Vergleich zu anderen Währungspaaren relativ eng. Ein normaler Markt-Spread beträgt ca. 2-3 Pip. Andere Währungspaare haben üblicherweise 3-5 Pip Spread (Differenz zwischen Kauf- und Verkaufskurs).

Der EUR/USD macht ca. 30 Prozent des täglichen globalen Handelsvolumens aus (2004 Bank for International Settlements).

Den Währungsmarkt traden

Genau wie beim Aktienhandel sollten Sie sich umfassend über die Zinssätze, Wirtschaftsleistung, politische Stabilität der Länder informieren, deren Währungen Sie traden wollen.

Beim FX-Trading ist es wichtig, eine kurzfristige Strategie bereitzuhalten.

Wegen des großen Hebels werden Sie es schwer haben, langfristige Trends auszuhalten. Dies gilt besonders, wenn die Volatilität eines Währungspaares groß ist.

Setzen Sie genau wie beim Aktienhandel vorher Risikolimits und bestimmen Sie Ihr Stop-Niveau. Technische Analyseregeln finden im FX-Markt ebenso Anwendung wie im Aktienhandel.

Besonders interessant wird FX-Trading kurz vor und nach der Veröffentlichung wichtiger Marktdaten. Wichtig, weil sie unmittelbar Auswirkungen auf die Kursbewegung im Währungshandel haben. Gewöhnen Sie sich für den FX-Handel an, Ihren Nachrichtenticker im Blick zu halten und prägen Sie sich den Handelskalender gut ein. Im Gegensatz zum Aktienhandel haben Sie für den FX-Markt mehr marktbewegende Nachrichten. Sie sollten die Zeiten und Termine kennen, an denen Sie mit größeren Kursbewegungen rechnen können.

Abb.6: EUR/USD Tageschart mit Bruch des Trendkanals

Auf diesem Tageschart des EUR/USD markiert der Pfeil die Ausbruchsstelle aus dem Aufwärtstrendkanal. Rund um dieses Datum (04.12.2009) wurden wichtige Nachrichten veröffentlicht:

2.12.2009: Beige Book (US-Wirtschaftsleistung)

3.12.2009: Rede des FED- (US-Notenbank) Vorsitzenden Ben Bernanke, ISM

3.12.2009: ISM-Index, Money Supply, Chain Store Sales ex Wal-Mart.

4.12.2009: Arbeitslosenzahlen USA, ECRI

Interessant ist, dass gerade zu diesem Zeitpunkt der Kursverlauf an einem Schlüsselniveau angekommen ist. Die Datenflut unterstützte am 4.12. dann den Ausbruch auf neue Jahrestiefs im EUR/USD Währungspaar. Da der FX-Markt besonders von Fundamentaldaten getrieben wird, kalkulieren Sie also unbedingt die Nachrichtenlage in Ihren Handel ein!

Checkliste für das FX-Trading

► Traden Sie nur die liquidesten Währungspaare – hier finden Sie die kleinsten Spreads und glatte Kursverläufe:
  • EUR/USD, USD/JPY, EUR/GBP, EUR/JPY, EUR/CHF
► Traden Sie möglichst, wenn die Liquidität hoch ist – also während sich die Europa-Handelszeit mit der nordamerikanischen überlappt. Das ist gegen 8-12 Uhr Deutscher Zeit.
► Versuchen Sie möglichst, nur ein Währungspaar zu handeln. Gerade am Anfang ist es schwer, mehrere Währungspaare zu beobachten.
► Arbeiten Sie immer mit der gleichen Kontraktgröße. So erleben Sie keine unangenehmen Überraschungen, nachdem Sie Ihre Order abgeschickt haben.
► Passen Sie Ihr Risikomanagement dem Spread an. Wenn Sie 2-5 Pip Spread bezahlen, brauchen Sie

mindestens 3-10 Pip pro Trade, um profitabel zu
handeln.

► Versuchen Sie nicht zu traden, wenn marktbewegende Nachrichten anstehen:

- Das oben genannte Beispiel im EUR/USD macht
  deutlich, wie scharf und schnell Kursbewegungen ablaufen, wenn externe Ereignisse den
  Markt beeinflussen. Auf starke Marktbewegungen ist Ihr kurzfristiges System vermutlich
  schlecht eingestellt – aus diesem Grund sollten
  Sie gerade am Anfang Ihrer Karriere vermeiden,
  sofort aufgrund von Nachrichten zu handeln.

- Warten Sie mindestens 15 -30 Minuten nach der
  Veröffentlichung solcher Daten, bis Sie erneut
  einen Trade eingehen.

Die Tradingstrategie:
Viele Wege führen zum Ziel

Risiko- und Money Management

Die ersten Schritte an der Börse sind in vielen Fällen unglaublich schnell von Erfolg gekrönt und vermitteln die Illusion, dass Trading ein leichtes Spiel ist. Hochmut kommt vor dem Fall: Wenige Trades später wird spätestens dem ambitioniertesten Anfänger klar, dass die ersten Börsengewinne einfach nur einer einzigen Tatsache zu verdanken sind: Glück.

Glück spielt an den Börsen eine große Rolle! Wie Sie es für sich nutzbar machen können, erfahren Sie später in diesem Kapitel. Jetzt liegt mir daran, Ihnen deutlich zu sagen, dass Ihr Börsenerfolg letztendlich nicht auf Glück beruhen wird, sondern auf harter Arbeit. Lassen Sie mich Ihnen also ein wenig die Illusion nehmen, das Geld läge auf der Straße und Sie müssten es nur aufsammeln. Ihr Erfolg hängt von vielen anderen Faktoren ab. Folgende wichtige Faktoren sollten Sie sich gut einprägen:

- ► Diszplin
- ► Money- und Risikomanagement
- ► Handelsstrategie

Im Laufe dieses Kapitels werden Sie verstehen lernen, warum Sie nur durch den ausgewogenen Einsatz eines funktionierenden Handelssystem, Risiko- und Money Management sowie der Kontrolle Ihrer Emotionen zum Erfolg kommen werden.

Wussten Sie, dass viele erfolgreiche Trader mehr Verluste als Gewinne produzieren? Das klingt im ersten Moment vielleicht seltsam, ist allerdings nicht außergewöhnlich, solange die Gewinn-Trades die Verlust-Trades um ein Vielfaches aufwiegen!

Ein Beispiel einer Tradingreihe:

Trade	G/V €
1	-100
2	-50
3	-200
4	500
5	-50
6	-50
7	400
8	-150
9	300
10	-50
Gesamt	550

Von zehn Trades wurden sieben mit Verlust geschlossen. Nur drei konnten als gewinnbringend verbucht werden. Da die Gewinn-Trades allerdings um ein Vielfaches größer als die Verlust-Trades waren, ergibt sich trotz einer Verlustquote von mehr als 60 Prozent ein stolzer Gewinn von 550 €.

Merken Sie sich folgende Regel:

Solange die Gewinn-Trades größer als die Verlust-Trades bleiben, ist die Häufigkeit der Gewinn-Trades vernachlässigbar.

Ganz so einfach ist es natürlich nicht. Viele andere Variablen spielen eine große Rolle beim Trading: Gebühren, Ausführungspreise, Kurslücken usw. In dieser Einführung sollen Sie erst einmal verstehen, wie wichtig es für die Bilanz ist, **gewinnbringende Trades laufen zu lassen und verlustbringende zu begrenzen!**

Wie im weltbekannten Song »The Gambler« von Kenny Rogers liegt einer der Schlüssel zum Erfolg darin, zu wissen, »when to hold'em and when to fold'em«. Der Entscheidungsträger ist hierbei Ihr Tradingsystem: ihre Handelsregeln, die Sie dazu befähigen, Ein- und Ausstiege festzulegen.

In diesem Kapitel werden Sie einige Beispiele von Handelssystemen kennenlernen. Ihr Ziel sollte es sein, diese Anregungen zu verstehen, damit Sie letztendlich in die Lage versetzt werden, ein eigenes Handelssystem zu erstellen.

Der Schlüssel zu langfristigem Börsenerfolg ist ein diszipliniertes Money Management!

Wie die Tradingreihe mit zehn Beispielgeschäften anschaulich erläutert, ist es von unabdingbarer Wichtigkeit, dass Ihre Verlust-Trades möglichst klein und kontrolliert bleiben.

Ein gutes Money Management minimiert daher Ihre Verluste schon möglichst zu Beginn eines verlustbringenden Geschäfts – egal, ob Sie short oder long positioniert sind. Wichtig ist, dass Sie in der Umsetzung konsistent sind (wenn Sie diskretionär traden): Nur wenn Sie sich immer an Ihre Regeln halten, werden Sie auf lange Sicht einschätzen können, wie profitabel Ihr System arbeitet. Diese Regeln gibt Ihnen Ihr Handelssystem oder Ihr Handelsplan vor.

Wie vor jedem guten Projekt bedarf es auch beim Trading einer ausführlichen Planungs- und Testphase. Schließlich wollen Sie nicht unvorbereitet Ihr Geld in den Markt werfen, um mal auszuprobieren, wie das denn so geht an der Börse. Suchen Sie sich daher einen Broker aus, der Ihnen das Traden mit Spielgeld auf einem Demoaccount ermöglicht: Im FEXtrader Pro® der FX Direkt Bank ist das beispielsweise problemlos möglich!

Lernen Sie Gewinn-Trades von Verlust-Trades zu unterscheiden und wie Sie vor Beginn des Geschäfts bereits Ihr Ziel für Gewinn und Verlust festlegen (Stop-Loss und Take Profit = Gewinn mitnehmen).

In diesem Kapitel erhalten Sie einige Regeln, um Ihnen den Einstieg zu erleichtern.

Erfolgreiche Trader haben eine gemeinsame Eigenschaft: ein funktionierendes Money Mangement. Konkret bedeutet das:

► Planung der Trades mit Ein- und Ausstiegspunkten und damit möglichem Verlust und Gewinn.
► Anwenden von Stop-Loss-Strategien.
► Absichern von bereits vorhandenen Handelsgewinnen, zum Beispiel mit einem Trailing-Stop.
► Eindeutige Ausstiegsstrategien (zum Beispiel wenn ein Trend sich auflöst).

Dabei ist es wichtig, sich bewusst zu machen, dass ein Trade unmöglich an einem optimalen Ein- oder Ausstiegspunkt eingegangen werden kann. Viel wichtiger ist es, Einstiegsspunkte festzulegen und auf eine Bestätigung der mit dem Einstieg verbundenen Vorstellung zu warten. Die Erfahrung zeigt, dass der Handel bei längeren Zeithorizonten immer mehr als eine Einstiegsschance bietet. Ärgern Sie sich daher nicht über einen verpassten Trade, sondern warten Sie geduldig eine neue Einstiegsmöglichkeit ab.

Ob ein Trade sich nun in Ihrem Interesse entwickelt, bleibt dem Zufall überlassen. Der Entry und Exit, den Sie über Ihr Handelssystem entwickeln, ist lediglich ein »educated guess« – das sollte Ihnen immer bewusst sein. Genauso wie die Tatsache, dass ein einziger Trade nicht repräsentativ für eine Serie von Trades ist und daher keine besondere Bedeutung haben sollte.

Gerade aus diesen Gründen ist es wichtig, dass Sie einen Handelsplan zu Händen haben, der Ihnen vorgibt, wann Sie einen Trade eröffnen und schließen – egal was Ihr Gefühl Ihnen sagt.

Nicht selten kommt es vor, dass Sie meinen, Sie hätten den perfekten Einstieg erwischt und wenige Stunden später entwickelt sich der Trade gegen Ihre Idee. Versuchen Sie daher, möglichst objektiv zu handeln und Ihre Verluste zu begrenzen.

Bevor Sie einen Trade eingehen, müssen Sie einen Einstiegspunkt definieren. Dieser Einstiegspunkt entspricht dem Preis, zu dem Sie das Geschäft eingehen werden (also zum Beispiel der Kaufpreis einer Aktie). Ebenso ist ein Ausstiegspunkt notwendig. Also ein Preisniveau, zu dem Sie zum Beispiel eine Aktie verkaufen wollen.

Versuchen Sie niemals, von Ihrem Plan abzuweichen – besonders, wenn Sie einen Verlust hinnehmen müssen und sich Ihre mit dem Trade verfolgte Absicht damit in Luft aufgelöst hat. Auch wenn Sie es sicher immer und immer wieder hören und es sich wie eine schnöde Börsenweisheit durch die einschlägigen Tradingbücher zieht: »Begrenzen Sie Ihre Verluste und lassen Sie Ihre Gewinne laufen!« Lösen Sie also Verlust-Trades so schnell es geht auf und lassen Sie Gewinn-Trades laufen. Kümmern Sie sich um Ihre Verluste – die Gewinne werden folgen!

Das oberste Ziel ist es demnach, so schnell wie möglich aus Verlustpositionen auszusteigen. Sollte sich zum Beispiel eine Aktie außerhalb der normalen Tagesschwankung bewegen und gegen Sie laufen, müssen Sie überprüfen, ob Ihre mit diesem Trade zusammenhängende Vorstellung noch zutrifft, oder ob es keine Argumente mehr für diesen Trade gibt.

Häufig genug werden Sie einen Trade eingehen, der am Anfang gegen Sie läuft, um dann mehrere Prozentpunkte im Gewinn zu schließen. Wenn Sie Ihr Verlustlimit zu eng gelegt haben, werden Sie innerhalb dieses normalen Marktrauschens ausgestoppt, obwohl sich am Ende des Tages herausstellt, dass Sie eigentlich den richtigen Riecher hatten. Daher muss Ihr Handelssystem der Tatsache Rechnung tragen, dass Sie nicht innerhalb der »normalen« Tagesschwankungen aus dem Markt »gespült« werden.

Versuchen Sie für jede Position bei maximal zwei bis drei Prozent Verlust auszusteigen. Eine andere Möglichkeit besteht darin, dass Sie die Positionsgröße auf Ihr Gesamtkapital berechnen. In diesem Fall sollten Sie maximal ein bis zwei Prozent pro Position riskieren. Halten Sie sich immer die Tradingreihe vor Augen. Eine Zufallsverteilung erreicht bei 100 Würfen leicht Serien von fünf oder größer. Riskieren Sie also mehr als drei Prozent, sagen wir fünf Prozent pro Position, addiert sich der Verlust leicht auf ein Vielfaches.

Leider ist es schwieriger, echte Verlust-Trades von nur kurzfristig in den Verlust laufenden Trades zu unterscheiden. Gerade aus diesem Grund ist es wichtig, dass Sie für Ihre Handelsgeschäfte auch eine Wiedereinstiegsklausel in Ihren Tradingplan aufnehmen.

Um erfolgreich zu sein, müssen Sie Ihr Trading als Geschäft verstehen. Sie werden Ihr hart verdientes Geld einem Risiko aussetzen, das Sie kontrollieren müssen. Sie würden Ihr Geld doch auch nicht leichtsinnig Ihrem Bankberater anvertrauen, oder?

► Ihr Trading ist ein Geschäft: Sie handeln, um Geld zu verdienen – nicht, um es zu verlieren! Sie werden Verluste erleiden – diese gehören zu jedem Geschäft. Ein guter Businessplan hingegen hält eine Strategie bereit, um diese Verluste zu minimieren.
► Handeln Sie nach Plan: Viele Trader verlieren ihre Linie dabei, ihre bereits deutlich im Verlust liegenden Positionen noch weiter zu verteidigen. Sie finden immer neue Gründe, warum es richtig ist, diesen einen Verlust-Trade zu halten. Lernen Sie schnell, harte Entscheidungen zu treffen und trennen Sie sich von solchen Trades.
► Verkaufen Sie, wenn Sie einen guten Profit erwirtschaftet haben oder wenn Sie eingesehen haben, dass ein Trade sich gegen Sie entwickelt hat. Wählen Sie Ihre Ein- und Ausstiegspunkte daher, bevor Sie das Orderticket absenden.

Behandeln Sie Ihr Trading wie ein Unternehmen

Jedes Unternehmen hat Fixkosten, variable Kosten, Investitionskapital, Aktiva, Verbindlichkeiten, Inventar, usw. Als Trader haben Sie diese ebenfalls! Das Management dieser verschiedenen Faktoren resultiert in einem Gewinn oder einem Verlust. Als Trader wollen Sie natürlich in die Gewinnzone navigieren. Behandeln Sie daher den Inhalt Ihres Portfolios als Ihr Inventar. Nur die richtige Abstimmung der verschiedenen Positionen führt Sie zum Erfolg: Halten Sie in Ihrem »Inventar« mehr Gewinner als Verlierer, wird Sie das zum Erfolg führen. Sind Sie ein schlechter Manager, geraten Sie bald in die Verlustzone.

Am schwersten wird es Ihnen fallen, Positionen zu verkaufen. Emotional ist es schwieriger, zu verkaufen als zu kaufen – besonders, wenn es sich um Verlustpositionen handelt. Sicher kennen Sie das Gefühl, an einer Aktie festzuhalten, die bereits deutlich in den Verlust gelaufen ist:

»Ich gebe dem Trade noch etwas Zeit, um sich zu entwickeln, das Unternehmen ist doch gut. Es gibt keinen Grund dafür, dass der Aktienpreis so eingebrochen ist. Ich werde nicht verkaufen – bisher handelt es sich doch nur um Buchverluste.«

Umgekehrt werden Sie niemals (oder nur selten) über Buchgewinne in gleicher Weise nachdenken: In diesem Fall verkaufen Sie meist, sobald Sie ein positives Vorzeichen auf Ihrem Depot sehen. Das ist einer der Gründe dafür, dass Sie Verluste länger halten und Gewinne begrenzen. Diese Tatsache ist einer der eklatantesten Tradingfehler, den Sie überhaupt begehen können.

Ein weiteres Problem ist, dass sich Anfänger häufig in ihre Positionen »verlieben«. Tagelange Recherche nach der »richtigen« Aktie, ausgefeilte technische Analyse nach bestem Wissen, Rücksprache mit Freunden und Bekannten, bis auch noch der letzte Zweifel ausgeräumt ist.

Ist die Position einmal eröffnet, soll dieser Trade den großen Gewinn bringen, denn schließlich standen alle Am-
peln auf »Grün« als Sie den »Buy«-Knopf angeklickt haben.

Leider entwickelt sich die Aktie gar nicht so, wie es geplant war und die ersten Buchverluste summieren sich zu
einem guten Argument, die Aktie wieder zu verkaufen.

Haben Sie sich schon mal von einer Freundin oder einem
Freund getrennt? Das sollten Sie, denn spätestens jetzt
ist es an der Zeit, der Beziehung zu Ihrer Aktie »Lebe-
wohl« zu sagen. Nach all den Nächten, der harten Ana-
lysearbeit, den Schmerzen, die Sie bis jetzt ausgehalten
haben, fragen Sie sich: »Wie konnte ich nur so falsch
liegen?« Aber seien Sie beruhigt – Sie sind nicht alleine.
Jedem von uns ging es bereits einmal so. Gewöhnen
Sie sich an die Tatsache, dass der Markt Ihre Idee so gar
nicht mögen muss. Das Problem besteht darin, dass ein
Gefühl des »Rechthabens« in Ihnen aufkeimt, sobald Sie
eine Position eingegangen sind. Versuchen Sie, dieses
Gefühl auf Ihrem Weg zum erfolgreichen Trader loszu-
werden – denn dieses Verlangen nach Bestätigung Ihrer
Idee ist eng mit Verlusten und der Möglichkeit des Ruins
verknüpft!

Einen Totalverlust können Sie sich nicht leisten. Ihr Kapital ist Ihr »Arbeitgeber«, Ihr wichtigstes Gut. Das wichtigste Ziel besteht darin, Ihr Kapital zu schützen, damit
Sie im »Spiel« bleiben.

Wie Sie sehen können, spielen die Emotionen dabei eine
nicht zu verachtende Rolle.

Indem Sie ein System entwickeln, das Ihnen Ihre Entscheidungen abnimmt, schaffen Sie es, Ihre Emotionen unter Kontrolle und Ihr »Pulver« damit trocken zu halten.

Schützen Sie Ihr Kapital!

Solange Sie schnell genug aus Ihren Verlustpositionen aussteigen, wird Ihr Tradingkapital nicht unnötig in verlorenen Trades gebunden. Idealerweise schaffen Sie es, den Trade mit einem vernachlässigbaren Verlust zu schließen. Das Wichtigste daran ist, dass Sie so in die Lage versetzt werden, auch noch am nächsten Tag an den Märkten partizipieren zu können!

Wenn es Ihr Ziel ist, möglichst lange im Geschäft zu bleiben, dann erreichen Sie dieses nur, wenn Sie nicht zu viel Geld verlieren. Logisch. Um dies zu schaffen, können Ihnen folgende simple Regeln helfen:

► Kapitalerhalt steht an erster Stelle.
► Lassen Sie große Gewinne niemals zu kleinen Gewinnen abschmelzen.
► Lassen Sie niemals kleine Gewinne zu Verlust-Trades werden.
► Lassen Sie umgekehrt kleine Verluste nie zu großen Verlusten werden.

Stehen Sie auf, wenn Sie hinfallen: So erholen Sie sich von großen Verlusten.

Wenn es darum geht, Ihr Kapital zu schützen, müssen Sie akzeptieren, dass es einfacher ist, einen kleinen Verlust hinzunehmen, als lange unter einem großen Verlust zu leiden.

Lernen Sie zu verstehen, wie schnell sich im Börsengeschäft Dinge zum Negativen wandeln können und Sie schneller auf einem Verlust sitzen, den Sie nur schwer wieder gutmachen können.

Ein Beispiel

Sagen wir, Sie haben eine Aktie für 10 €/Stück gekauft. Die Aktie fällt auf 9 € und beschert Ihnen somit einen Verlust von 1 €/Kontrakt. Sie haben 10 Prozent des Originalpreises der Aktie verloren. Um diesen Verlust wieder gutzumachen, muss der Aktienpreis von 9 € auf 10 € ansteigen. Machen Sie sich bewusst, dass ein 10-prozentiger Anstieg in diesem Fall nur 90 Cent beträgt oder anders formuliert: Ihre Aktie muss mehr als 10 Prozent ansteigen, um einen 10-prozentigen Verlust wieder auszugleichen:

$$10€ -9€ = 1€ \rightarrow 1€ / 10€ = 0,10€ \rightarrow 0.10 \times 100 = 10\%$$

So finden Sie heraus, wie viel Prozent Sie erreichen müssen, um diesen Verlust von 1 € auszugleichen. Machen Sie sich noch einmal bewusst, dass Ihre Aktie nun nur noch 9 € wert ist und dass 10 Prozent (der vorherige Verlust zu Beginn der Position bei 10 €) nur noch 90 Cent ausmacht und nicht wie häufig angenommen 1 €. Teilen Sie 1 € durch 9 €:

$1€ / 9€ = 0.1111 ⟶ 0.1111 \times 100 = 11.1\%$

Sie müssen also etwas mehr als 11 Prozent wiederge-
winnen, um den Verlust auszugleichen. Und dann haben
Sie erst wieder Ihren Einstiegskurs erreicht!

Für Verluste, die weniger als 10 Prozent betragen, muss
Ihr Gewinn nicht wesentlich größer als Ihr Verlust sein,
um diesen wieder auszugleichen. Verluste, die die 10
Prozent übersteigen, können sich zu ungeahnten Prob-
lemen auswachsen:

Verlust von	Benötigter Gewinn, um den Verlust auszugleichen
5%	5.2%
10%	11.1%
25%	33.3%
50%	100%
75%	300%
100%	Fast unmöglich...

Sicher wissen Sie, dass es schwer genug ist, einen Kurs-
zuwachs von 5 Prozent oder 10 Prozent in einer Aktie
zu verzeichnen. So scheint es fast irrational, dass eine
Aktie, die 50 Prozent verloren hat, nun 100 Prozent im
Wert steigen muss. Noch abenteuerlicher wird es, wenn
mehr als 75 Prozent verloren werden.

Verkaufen Sie also schnell Verlust-Trades, oder Sie sind
Ihr Tradingkapital schneller los, als Sie diese Tabelle
auswendig lernen können.

Drücken Sie Ihre Tradingresultate in Prozenten aus

Warum drücken Trader Ihre Gewinne und Verluste in Prozent aus? Ganz einfach. Indem Sie relative Zahlen verwenden, können Sie eine bessere Vergleichbarkeit Ihrer Trades erreichen.

In Prozent ausgedrückt, entspricht ein 1 € Gewinn in einer 10 € Aktie exakt dem gleichen Ergebnis wie ein 10 € Gewinn in einer 100 € Aktie. Der Preis pro Aktie ist hierbei also nicht so wichtig wie der prozentuale Gewinn (oder Verlust).

Wenn Sie also 1.000 € auf Ihrem Tradingkonto Ihr Eigen nennen können, dann ist es Ihnen möglich, mindestens 100 Kontrakte einer 10 € Aktie oder 10 Kontrakte einer 100 € Aktie zu kaufen (10 € x 100 € = 1000 €). Mit CFDs können Sie sich sogar deutlich größere Stückzahlen leisten (mehr dazu im CFD-Kapitel).

Steigt nun der Aktienkurs egal welcher Aktie (10 € oder 100 €), verbuchen Sie den gleichen Gewinn auf Ihrem Tradingkonto: 1.100 €.

Ein 10-prozentiger Anstieg in der 10 € Aktie macht 1 € aus. Ein 10-prozentiger Anstieg in der 100 € Aktie macht 10 € aus. Da die Stückzahl allerdings variiert, ist der Gewinn in beiden Fällen der Gleiche.

Der tatsächliche Preis einer Aktie und die Gewinne oder Verluste in absoluten Zahlen sind nicht so wichtig wie die prozentuale Größe der Bewegung. Obwohl Sie mit

Ihrem Kapital wohl mehr Stück einer billigeren Aktie kaufen können, ist eine 10-prozentige Bewegung in der billigeren oder teureren Aktie genauso wahrscheinlich. Aus diesem Grund besteht keine Notwendigkeit, die billigere Aktie zu kaufen, obwohl es augenscheinlich einfacher wäre.

Setzen Sie sich Verlustgrenzen: Der Stop-Loss

Das wichtigste Konzept, Ihre Verluste zu minimieren, ist einzusehen, dass ein Trade gegen Sie läuft und sich damit die dem Handelsgeschäft zugrunde liegende Idee als falsch erwiesen hat. Schließen Sie den Trade und suchen Sie nach dem nächsten Einstiegssignal! Lassen Sie einen kleinen Verlust niemals zu einem großen Verlust werden! Bevor Sie einen Trade eingehen, sollten, Sie sich sowohl über das Risiko als auch die Chance (also den potenziellen Verlust oder Gewinn) im Klaren sein!

Arbeiten Sie mit einem Stop-Loss (also einer Order, die Ihre Position automatisch schließt, sobald ein bestimmtes Kursniveau erreicht ist). Die Auswahl des »richtigen« Stops ist allerdings alles andere als leicht und mehr eine Kunst als eine Wissenschaft.

Es gibt verschiedene Methoden, einen Stop zu setzen: Eine oft angewendete Methode ist es, einen prozentualen Verlust vorzubestimmen. Diese Methode lässt sich allerdings nicht uneingeschränkt empfehlen. Besser ist es, durch technische Analyse Chartmarken festzulegen, an denen ein Stop-Loss sinnvoll gesetzt werden kann.

Hier sehen Sie den Chart der Apple-Aktie (AAPL), der ein perfektes Einstiegssignal nach einem Ausbruch aus einer Seitwärtsphase bietet.

Abb. 7: AAPL-Wochenchart – Aufwärtstrend

Im März 2009 ergab sich zwischen 100 $ und 105 $ ein Long-Einstieg, und ein Aufwärtstrend bildete sich aus, der bis zu einem neuen Allzeithoch bei > 208 $ anhielt. Mit simplen Analysemethoden hätte hier ein Stop-Loss kurz unterhalb der Ausbruchsstelle bei 100 $ gewählt werden können (95 $). Hätten Sie zu dieser Zeit mit einem Risiko von 500 $ 100 Kontrakte gekauft, wären Sie heute mindestens 10.800 $ reicher (innerhalb von 7 Monaten!). Vergleichen Sie einmal diese Rendite mit der Ihres Sparbuches.

Hätte dieser Ausbruch nicht stattgefunden und wäre es nicht zu der erwarteten Entwicklung gekommen, wären Sie bequem ausgestoppt worden und hätten bis zum nächsten Anlauf Ihr Kapital gesichert!

Es gibt also zwei wesentliche Möglichkeiten Ihre Stop-Loss-Niveaus zu bestimmen:

1. Festlegen des prozentualen Risikos Ihres Kapitals.
2. Charttechnisch.

Wie so oft im Leben, liegt die Wahrheit wohl in der Mitte, und so bietet es sich hier an, beide Methoden zu verbinden.

Versuchen Sie, charttechnische Gesichtspunkte mit Ihrem prozentualen Risiko zu verknüpfen, um den optimalen Stop-Loss zu finden.

Liegt Ihr charttechnischer Stop zu weit weg, müssen Sie die Anzahl der Kontrakte verringern, um Ihr Risikoprofil einzuhalten und umgekehrt.

Ein Rechenbeispiel

Sie haben charttechnisch ein Stop-Niveau ermittelt, das ca. 5 $ unter Ihrem potenziellen Einstiegspunkt liegt. Ihre Kontogröße beträgt 5000 €. Sie wollen nicht mehr als 2 Prozent des Gesamtkapitals für diesen Trade riskieren. 2 Prozent von 5000 € entsprechen 100 €. 100 € entsprechen ca. 143 $ bei einem Wechselkurs von 1,43 (Anfang 2010).

Daher können Sie maximal 143 $ riskieren.

Zur Erinnerung: 5 $ ist Ihr Risiko nach charttechnischen Gesichtspunkten.

Um nun die korrekte Anzahl der Kontrakte zu ermitteln, müssen Sie 143 $ durch 5 $ teilen.

143 $/5 $ = 28,6 Kontrakte

Sie können sich also in diesem Fall 28,6 Kontrakte leisten. Um sicher zu gehen, runden Sie am besten immer auf die ganze Zahl ab. Übrig bleiben also 28 Kontrakte. Machen Sie sich bewusst, dass Sie noch zusätzliche Kosten wie Slippage und Transaktionsgebühren einrechnen müssen. Im Normalfall können Sie hierfür ca. 15 $ dazurechnen.

Mit 28 Kontrakten hätten Sie bei einem Risiko von 143 $ in sieben Monaten einen Ertrag von knapp 5800 $ erwirtschaften können. Oder anders ausgedrückt: über 4000 Prozent Rendite bei einem Risiko von gerade mal 2 Prozent auf Ihr Gesamtkapital von 5000 € (5800/143*100). Schafft das Ihr Sparbuch oder Ihr Investmentfond auch?

Fazit

Ihr Ziel sollte sein, nur Trades mit einem möglichst günstigen Risikoprofil einzugehen.

Ihre Chance sollte dabei im Vergleich zu Ihrem Risiko mindestens das Doppelte betragen. Man spricht in diesem Zusammenhang auch von einem Chance-Risiko-Verhältnis oder CRV. Dieses CRV können Sie wie im AAPL-Beispiel anhand von charttechnischen Marken bestimmen.

So finden Sie gute Tradingkandidaten

Zugegeben – es ist schwierig, Tradingkandidaten wie Apple zu finden, zumal vielen Tradern nach etlichen Verlusten der scharfe Blick abhanden gekommen ist, um noch objektiv eine Analyse zu machen, die solche Tradingchancen entdeckt.

Generell brauchen Sie immer einen »Ideengeber«. Dieser sind entweder Sie selbst, oder Ihr »Aktientipp« kommt von außen, also jemand anderem. Das Internet ist voll davon. Sie können auch Programme verwenden, die Ihnen nach bestimmten Kriterien Aktien »herausfiltern«. Diese Programme nennt man auch Aktien-Scanner. Hier können Sie zum Beispiel einstellen, welche Kriterien eine Aktie erfüllen sollte, damit Sie auf Ihrer Watchlist landet.

Wichtig ist, dass Sie jeden Aktientipp selbst analysieren und nicht blind kaufen, nur weil Ihnen jemand dazu rät.

Es empfiehlt sich, möglichst liquide Aktien zu handeln. Also Titel, die beliebt sind und sich einer großen Popularität verschiedenster Anleger erfreuen. Hier können Sie sicher sein, dass immer genug Bewegung gegeben ist, die Ihnen zum Vorteil gereichen sollte.

Suchen Sie doch einfach nach den liquidesten DAX-Titeln, indem Sie zum Beispiel zehn Werte absteigend nach Marktkapitalisierung sortieren. Hierfür stehen Ihnen einfache Mittel auf verschiedensten Finanzwebsites zur Verfügung (beispielsweise Onvista, Google Finance und andere).

Sobald Sie diese Werte identifiziert haben, stellen Sie sich diese in einer Watchlist zusammen:

Aktie/Wert	Börse	Kurs	+/-	%	Vortag	Marktkap. in Mio. €
SIEMENS AG NAMENS-AKTIEN O.N.	Xetra	64,210 EUR	-0,62	-0,96%	64,830 EUR	58.701,00
E.ON AG NAMENS-AKTIEN O.N.	Xetra	29,230 EUR	-0,38	-1,28%	29,610 EUR	58.489,23
BAYER AG NAMENS-AKTIEN O.N.	Xetra	55,960 EUR	-0,49	-0,87%	56,450 EUR	46.276,00
DEUTSCHE TELEKOM AG NAMENS-AKT...	Xetra	10,290 EUR	-0,13	-1,20%	10,415 EUR	44.877,98
SAP AG INHABER-AKTIEN O.N.	IR. Xetra	33,000 EUR	+0,12	+0,36%	32,880 EUR	40.458,51
BASF SE INHABER-AKTIEN O.N.	Xetra	43,460 EUR	-0,36	-0,82%	43,820 EUR	39.917,08
ALLIANZ SE VINK.NAMENS-AKTIEN ...	Xetra	87,150 EUR	-0,72	-0,82%	87,870 EUR	39.557,39
DAIMLER AG NAMENS-AKTIEN O.N.	IR. Xetra	37,230 EUR	-0,42	-1,12%	37,650 EUR	39.506,99
RWE AG STAMMAKTIEN O.N.	Xetra	67,960 EUR	-0,62	-0,90%	68,580 EUR	35.570,60
DEUTSCHE BANK AG NAMENS-AKTIEN...	Xetra	49,420 EUR	-1,23	-2,43%	50,650 EUR	30.682,85

Abb.8: Watchlist nach Marktkapitalisierung

Um einen Überblick über die Kursentwicklung dieser verschiedenen Titel zu erhalten, sollten Sie sich für jeden Titel eine Chartanalyse für mindestens drei Zeithorizonte anfertigen und jeden einzelnen Titel auf Wochen-, Tages- und Stundenbasis analysieren. Dabei sollten Sie nie Ihren Anlagehorizont aus dem Blick verlieren.

Den richtigen Tradingstil finden: Sind Sie ein Day- oder Swing-Trader?

Ein wesentlicher Bestandteil beim Trading ist die Auswahl des Zeithorizonts. Damit ist Ihr Anlagehorizont gemeint, in dem Sie die ausgewählten Aktien (zum Beispiel Ihre ersten 10 DAX-Titel) traden wollen.

Grob lassen sich drei Stile unterscheiden:

1. Day-Trader
2. Swing-Trader
3. Investor

Day-Trader

Sind Sie nur am schnellen Intraday-Handel interessiert, spielen übergeordnete Zeithorizonte eher keine Rolle. Im Intraday-Handel oder auch im Day-Trading ist es Ihr Ziel, kurze Kursbewegungen einzufangen und davon zu profitieren. Dabei spielt es keine Rolle, ob eine Aktie langfristig steigt oder fällt, sondern dass sie im Tagesverlauf möglichst klare Bewegungen vollzieht. Dabei kann es durchaus sein, dass Sie von fallenden Kursen profitieren können (Leerverkauf), auch wenn die Aktie im Tagesverlauf dann doch steigt und umgekehrt.

Mit CFDs können Sie beide Kursrichtungen handeln. Wetten Sie auf fallende Kurse, indem Sie eine Aktie leerverkaufen, oder kaufen Sie eine Long-Position, wenn Sie von steigenden Kursen ausgehen. Der FEXtrader Pro® bietet Ihnen beide Möglichkeiten. Machen Sie sich bewusst, dass Sie manche Aktien nicht leerverkaufen können, weil dort nach der Finanzkrise vorübergehend Restriktionen greifen (zum Beispiel Bankentitel).

Vorteil: schnell. Verluste lassen sich leichter begrenzen. Weniger Kapital notwendig.

Nachteil: Berufstätigen bleibt dieser Tradingstil wegen des großen Zeitaufwands oft verschlossen.

Swing-Trader

Vorteil: weniger zeitaufwändig, auch nebenberuflich möglich.

Nachteil: größeres Kapital notwendig, da durch längere Zeithorizonte gleichzeitig das Risiko steigt.

Investor

Vorteil: wenig zeitaufwändig.

Nachteil: sehr großes Kapital notwendig. Ein ausreichend robustes Nervenkostüm ist von Nöten, da der Investor große Kursschwankungen aushalten muss!

Die Technische Analyse können Sie für alle Zeithorizonte anwenden – allerdings hat sich herausgestellt, dass die Analysen umso effektiver werden, je länger der Zeithorizont ist.

Welcher Tradingstil nun zu Ihnen passt, müssen Sie selbst entscheiden. Allerdings sprechen Ihre Kapitaldecke sowie Ihre verfügbare Zeit hier ein wesentliches Wörtchen mit. Je weniger Kapital Ihnen zur Verfügung steht, desto kleiner muss der Zeithorizont werden, für den Sie handeln.

Der durchschnittliche Anfänger ist gut damit beraten, sich als Swing-Trader zu versuchen. Hier ist die Kosten-Nutzen-Rechnung einigermaßen ausgewogen: Mit ca. einer Stunde täglich können Sie es schaffen, in einem trendigen Marktumfeld akzeptable Resultate zu erreichen.

Philipp Schröder, Trader und Autor von daytrading.de, beschreibt dabei eine einfache Methode für das Swing-Trading:

»Als ich vor einigen Jahren mit dem Trading begonnen habe, stand ich zwangsläufig auch vor der Aufgabe, einen eigenen Stil zu entwickeln. Da ich damals noch berufstätig war und dem Trading nur wenige Stunden täglich zugestehen konnte, habe ich für mich erkannt, dass ich als Day-Trader kläglich scheitern würde. Ich hatte schlichtweg keine Zeit, den gesamten Tagesverlauf des Marktes zu beobachten und gegebenenfalls entsprechend zu reagieren. Also habe ich mich dafür entschieden, einen entspannteren Tradingstil zu wählen: das Swing-Trading.

Hier ist es mir möglich, mit ca. einer Stunde Arbeit pro Tag langfristig profitabel zu agieren.

Meine Herangehensweise ist hierbei ähnlich wie die von Wolfgang Stobbe anschaulich erläuterte Methode:

Ich habe mir Aktien eines Marktes herausgesucht, den ich konsequent beobachte. Vornehmlich US-Aktien, da ich damals nach Feierabend noch bis 22 Uhr Zeit hatte – hier schließen ja nach unserer Ortszeit die US-Märkte.

Diese Titel habe ich auf drei Zeitebenen untersucht: Stunden-, Tages- und Wochenchart.

Hat sich auf Tagesbasis für einen der Titel ein Einstiegssignal ergeben, bin ich diesen Trade dann am Ende des Tages eingegangen. Häufig handelte es sich um Trend-Trades. Ich habe also versucht, mich in eine Zeitperiode steigender Kurse einzukaufen. Der Nachteil bei dieser Herangehensweise ist allerdings die Tatsache, dass sie in einem Marktumfeld, in dem keine oder nur wenige

Trends vorhanden sind, nicht funktioniert. Man ist also wesentlich davon abhängig, in welcher Marktphase man sich befindet. Trotzdem konnte ich 2008 mehrere hundert Prozent auf diese Weise auf meinem Konto verbuchen.«

Was Philipp Schröder hier beschreibt, ist ein typischer Ansatz eines trendfolgenden Traders.

»Buy low sell high« ist hier die Devise. Dabei hat sich eine einfache Strategie durchgesetzt: das Kaufen innerhalb von Trendkanälen. Weitere Informationen dazu finden sich im anschließenden Teil »Technische Analyse«.

Trend-Trades haben eine geringe Trefferquote. Sie werden häufig ausgestoppt. Doch schaffen Sie es einmal, einen Trend bis zum Ende zu verfolgen, sind ansehnliche Renditen zu erzielen. Ein prägnantes Beispiel liefert Ihnen der AAPL-Trade (Einstieg bei ca. 100, Ausstieg bei ca. 210), wie weiter oben in diesem Kapitel beschrieben.

Trendfolgesysteme

Aufgrund der vielfältigen Vorteile werden Trendfolgesysteme von vielen Tradern favorisiert.

Ihr wichtigstes Argument ist die Chance auf einen außergewöhnlich großen Gewinn. Schauen Sie sich zum Beispiel nur einmal Gold an. Seit dem Ausbruch über 1.000 Dollar konnte Gold noch einmal fast 200 Dollar hinzugewinnen. Leider erzeugen Trendfolgesysteme sehr viele Fehlsignale und erfordern daher große Geduld und viel Disziplin. Ein Trendfolgesystem ist abhängig von wenigen sehr profitablen Trades, die alle angefallenen Verluste der Fehlsignale übersteigen und zusätzlich einen Gewinn ermöglichen.

Typischerweise basieren Trendfolgesysteme entweder auf Indikatoren (siehe Technische Analyse) oder Break-Outs. Beide Möglichkeiten setzen voraus, dass eine Aktie einen Trend entwickelt. Von März 2009 bis Ende 2009 war das eine sehr beliebte Möglichkeit, einfach Geld zu verdienen. Schlägt der Markt allerdings in eine Seitwärtsphase um, versagen Trendfolgesysteme. Ausgenommen sind natürlich einige Einzeltitel, die trotz schwachem Marktumfeld einen Trend entwickeln können.

Ein gutes Beispiel für einen weiteren gelungenen Trend-Trade bietet etwa das EUR/USD Währungspaar.

Abb.9: EUR/USD-Monatschart – Long- und Shortsignale

Day-Trading

Das Day-Trading möchte ich in diesem Kapitel nur ober-
flächlich behandeln, da der CFD-Handel für den kurzfristigen Handel aus diversen Gründen nur bedingt geeignet ist. Die Ausführung Ihrer Trades ist manchmal
nicht schnell genug gewährleistet – was Sie wertvolle
Sekunden und damit Kapital kosten kann. Dieser Nachteil liegt allerdings in der Natur von Derivaten und besonders von over the counter gehandelten Produkten
begründet.

Dennoch ergeben sich im Tagesverlauf einige interessante Optionen, eine Aktie zu handeln.

Erfolgreiche Day-Tradingstrategien sind unter anderem:

► Scalping
► kurzfristiges Trend-Trading

Ein beliebtes Handelsinstrument ist der DAX, der über
den FEXtrader Pro® bequem als CFD gehandelt werden
kann.

Scalping

Beim Scalping versucht der Trader, innerhalb einer sehr
kurzen Zeitspanne (manchmal Sekunden) einen kleinen
Profit aus dem Markt zu holen. Da Scalper eine hohe
Tradingfrequenz auszeichnet, wird so über die Masse
der Trades ein Gewinn realisiert. Beliebte Instrumente

sind vor allem die großen Index-Futures, die auch als CFD handelbar sind: DAX, S&P.

Scalping erfordert ein großes Tradingkonto, da sich die Gebühren bei einer großen Tradingfrequenz schnell addieren. Hier gilt es abzuwägen, ob es sich überhaupt lohnt, so viele Transaktionen durchzuführen.

Kurzfristiges Trend-Trading

Nicht alle Day-Trader nutzen das Scalping. Beliebt ist auch das Traden von Intraday-Trends. Anstatt schnell Positionen auf- und abzubauen, versuchen Trend-Trader, für kurze Zeithorizonte Gewinne innerhalb von Minuten oder Stunden zu erzielen. Dabei nutzen sie beispielsweise den 15-Minuten-Chart und wenden einfache Regeln der technischen Analyse an. Trend-Trader führen deutlich weniger Trades aus als Scalper und der Handel gestaltet sich generell angenehmer als das hektische Scalping.

Die zehn häufigsten Tradingfehler

- ▶ Brechen der Stop-Loss-Regeln
- ▶ Top- und Bottom-Fishing
- ▶ Trends jagen
- ▶ Ohne Regeln handeln
- ▶ Mischen der Zeithorizonte
- ▶ Verbilligen
- ▶ Gewinne nicht realisieren
- ▶ Order vergessen
- ▶ Overtrading
- ▶ Overconfidence

Gegen den übergeordneten Trend traden: Brechen der Stop-Loss-Regeln

Fängt eine Aktie zu fallen an, werden Anfänger schnell panisch, sobald Ihre Position in den Verlust gerät. Oft genug treffen Sie dann die falsche Entscheidung und verkaufen Ihre Position nicht, sobald der Stop erreicht wurde. Im Hinterkopf keimt die Idee auf, »ich kann ja etwas später aussteigen – vielleicht dreht der Kurs nochmal«.

Seien Sie gewarnt: Mit dieser Strategie gehen Sie schneller Pleite als gedacht! Setzen Sie Ihre Stops mit Hilfe der

Technischen Analyse und steigen Sie erst wieder ein, wenn das Setup passt! Lassen Sie sich nicht von Ihren Emotionen ins Handwerk pfuschen.

Top- und Bottom-Fishing

Versuchen Sie niemals, eine Boden- oder Top-Bildung nach einem starken Abverkauf oder einer starken Rallye zu antizipieren! In einem Bärenmarkt können Aktien viel mehr an Wert verlieren, als Sie jemals glauben. Erinnern Sie sich an das Jahr 2008? Ende des Jahres standen viele Aktien auf Tiefstständen, die keiner für möglich gehalten hätte ...

Das Problem ist, dass es immer wieder temporäre Bodenbildungen geben wird, solange es genug Käufer einer Aktie gibt. Warten Sie den endgültigen Boden ab und steigen Sie erst wieder ein, wenn sich charttechnisch eine Bodenbildung vollzogen hat! Merken Sie sich: »Never catch a falling knife«. Gleiches gilt für die Top-Bildung: Kaufen Sie nie zu teuer, wenn sich bereits charttechnische »Ermüdungstendenzen« andeuten!

Trends jagen

Gerade Anfänger, die Ihre ersten Schritte in der technischen Analyse wagen, haben Angst, Trends zu verpassen, die sie doch gerade erst so schön in ihr Chartprogramm eingezeichnet haben. Selbstlos stürzen sie sich dann auf den Trend, als gäbe es keine Chance mehr, an der Kursbewegung zu partizipieren. Seien Sie gewarnt! Kaufen Sie niemals zu »teuer«, versuchen Sie, antizyklisch zu handeln und innerhalb von Aufwärtsbewegungen nur dann Rücksetzer zu kaufen, solange der Trend intakt bleibt. Nehmen Sie den Finger vom »Buy«-Knopf, sobald Sie ein Gefühl der rastlosen Panik beschleicht, Sie könnten den Trend verpassen! Emotionen sind nie gute Ratgeber.

Ohne Regeln handeln

Um nicht von Emotionen übermannt zu werden, die ein großer Verlust oder Gewinn mit sich bringt, brauchen Sie ein Regelwerk, das Ihnen Ihre Ein- und Ausstiege vorgibt. Versuchen Sie, nach Ihren Regeln zu handeln und nicht nach Ihren Emotionen. Sie haben nicht die Zeit, beides zu tun. Bleiben Sie objektiv und beherrscht. Führen Sie ein Handelsjournal und dokumentieren Sie Ihre Trades, um aus Fehlern zu lernen!

Mischen der Zeithorizonte

Einer der größten Fehler ist, auf verschiedenen Zeithorizonten »gleichzeitig« zu handeln. Entscheiden Sie sich schon während der Analyse für einen Zeithorizont, auf dem Sie traden wollen. Mitunter widersprechen sich die Zeitebenen und Sie werden verwirrt. Behalten Sie einen klaren Kopf: Das geht nur, wenn Sie konstant auf einem Zeithorizont handeln.

Auch wenn Investoren oder langfristig orientierte Swing-Trader ihre Einstiege oft verbilligen, solange die Konstellation auch auf anderen Zeithorizonten stimmt, sollten Sie als kurzfristig orientierter Trader niemals den Fehler machen, bei Rücksetzern nachzukaufen. Halten Sie sich lieber an Ihre Stops auf dem vorher gewählten Zeithorizont und steigen Sie wieder tiefer ein, sobald Sie ein neues Einstiegssignal bekommen. Im Übrigen sparen Sie so mehr Geld, da weniger Ordergebühren anfallen! Ein »Verbilligen« kommt Sie oft teurer zu stehen, als sich ausstoppen zu lassen.

Gewinne nicht realisieren

Die Balance dabei zu finden, die Gewinne mitzunehmen, ist eine schwierige Aufgabe! Viele Trader verkaufen entweder zu früh oder zu spät.

Um diesem Dilemma zu entgehen, setzen Sie sich von Beginn an ein Ziel für den Trade. Interessanterweise gibt Ihnen das Gefühl, Ihr Ziel erreicht zu haben, das gleiche gute Gefühl, als wenn Sie einen größeren Gewinn gemacht haben! Probieren Sie es einmal aus: So sparen Sie sich eine Menge Frustration, die Sie sich für die Bärenmärkte aufheben sollten.

Ärgerlich ist es natürlich, wenn eine Gewinnposition zu einem Verlust wird. Das wird immer wieder vorkommen – versuchen Sie daher, Ihre Gewinne abzusichern, indem Sie den Stop heranziehen, sobald Sie im Gewinn gelandet sind.

Order vergessen

Verlassen Sie Ihren Tradingarbeitsplatz niemals, ohne zu kontrollieren, ob Sie noch eine offene Order im System liegen haben! Anfänger und Profis kostet eine vergessene Order immer wieder viel Geld. Schaffen Sie sich also eine Arbeitsroutine und überprüfen Sie vor dem Abschalten Ihres Rechners Ihr Orderbuch auf vergessene Order. Nichts ist schlimmer, als im Urlaub einen Margin Call zu bekommen, weil Sie aus Versehen short auf Ihren Reiseveranstalter gegangen sind.

Overtrading

Trades können Sie nicht erzwingen! Es wird Tage, vielleicht sogar Wochen geben, in denen Sie keinen einzigen Trade erwischen werden, weil die Signallage dünn ist. Nutzen Sie diese Zeit für Socializing oder Research, aber niemals für das Erzwingen von Trades! Overtrading kostet Sie fast immer Geld. Bleiben Sie Ihrem System treu. Kein Signal, kein Trade!

Overconfidence

Sie haben eine Gewinnserie erwischt? Herzlichen Glückwunsch! Statistisch gesehen sollten die nächsten Trades wieder zu Verlusten führen. Bleiben Sie daher realistisch, statt schon den nächsten Autokauf zu planen. Konsistenz ist beim Trading eine Tugend, die nur wenige erreichen. Versuchen Sie, viele kleine Gewinner zu schaffen und nicht nur die großen Gewinne zu suchen. Wir alle kennen das unglaubliche Gefühl der Überlegenheit, sobald wir einige Tausender eingefahren haben! Aber glauben Sie mir – Hochmut kommt vor dem Fall!

Gegen den übergeordneten Trend traden

Traden Sie niemals gegen den übergeordneten Trend. Ausnahmen sind nur Scalper, denen die Trendrichtung egal ist. Merken Sie sich: »The Trend is your friend«. Die Wahrscheinlichkeit, dass sich ein Trend fortsetzt, ist größer, als dass er schlagartig beendet wird! Interessanterweise versuchen viele Trader genau das Gegenteil. Lesen Sie dazu nochmals den Abschnitt »Top- und Bottom-Fishing«!

Tradingstrategie: Technische Analyse

Schlagen Sie den Markt mit Hilfe von Charts!

Es ist erstaunlich, wie viele ansonsten intelligente und schlaue Menschen die eigentlich simplen Konzepte in diesem Buch nicht verstehen und anwenden. Sie machen Analysemethoden für Ihre Verluste verantwortlich, wenn sie einmal nicht so präzise Prognosen liefern wie in der Vergangenheit. Risikoregeln werden außer Acht gelassen, nur weil es gerade »reizvoll« ist. Wenn es beim Trading einen Heiligen Gral gibt (und jetzt schlagen Sie das Buch nicht zu...!), dann diesen: Risikomanagement. Egal welche Analysemethode Sie verwenden, Sie können sich immer irren und brauchen einen doppelten Boden, der Sie vor Verlusten schützt. Das bietet Ihnen nur der mit Bedacht gewählte Einsatz Ihres Risikokapitals. Seien Sie gewarnt: Setzen Sie niemals alles auf eine Karte. Setzen Sie niemals alles auf Rot. Denn Schwarz gewinnt schneller, als Sie Totalverlust aussprechen können.

Vermeiden Sie auch eine allzu wissenschaftliche Herangehensweise, denn genauso wie der Experte, der bewiesen hat, dass das Bernoulli-Prinzip mathematisch falsch und Flugzeuge damit nicht fliegen können, gibt es beim Trading »Experten«, die Ihnen wissenschaftlich belegen wollen, dass Trading ein Nullsummenspiel ist und Sie nicht gewinnen können! Schauen Sie sich um, es gibt Börsenhändler, die konstant an der Börse gewinnen, und lernen Sie von erfolgreichen Menschen.

Ob Sie nun rechtzeitig vor dem nächsten Crash aussteigen oder Ihre Tradingmethoden verfeinern wollen: Sie werden nicht an den hier erwähnten Analysemethoden vorbeikommen. Doch seien Sie gewarnt: Folgende Analysemethoden sind NICHT der Heilige Gral des Tradings oder gar der einzige Weg zum Börsenmillionär. Wenn Sie glauben, dass langsam aber sicher das Patentrezept für erfolgreiches Trading hätte gefunden werden müssen, muss ich Sie enttäuschen! Warum? Fragen Sie den Koch Ihres Vertrauens! Er wird Ihnen bestätigen, dass es möglich ist, ein Ei in unzähligen köstlichen Variationen zuzubereiten. Jeder Koch verwendet eine andere Pfanne, verschiedene Gewürze, eigene Zubereitungsverfahren, Temperaturen, und so weiter. Kurzum: Jedes Gericht trägt eine individuelle Handschrift. Börsenerfolg ist eine Kunst und keine Wissenschaft!

Jeder Trader sieht die gleiche Information: den Preis eines Basiswertes – also zum Beispiel einer Aktie – zu gegebener Zeit (das Ei ist und bleibt ja auch ein Ei). Doch die Interpretation dieser Information trennt gute von schlechten Tradern. Trader sehen unterschiedliche Risikofaktoren, nutzen unterschiedliche Indikatoren und setzen unterschiedliche Beträge von Risikokapital ein. Genauso wie es nicht den einen richtigen Weg zum Zubereiten eines Eis gibt, gibt es auch nicht den einzigen richtigen Weg zu Handelsgewinnen. Sie sollten also Ihre eigene »Handschrift« entwickeln, um langfristig an den Finanzmärkten bestehen zu können. Natürlich wissen Sie, dass das nicht von heute auf morgen erreicht werden kann: Nur kontinuierliche Arbeit und das Sammeln und Testen von Erfahrungen und Ideen ermöglicht Ihnen den Weg zur individuellen Trader-Persönlichkeit.

Wie auch sonst im Leben ist beim Trading eines besonders wichtig: Timing. Beim Trading benötigen Sie gutes Timing, um mit Ihren Ein- und Ausstiegen möglichst gute Renditen zu erzielen. Trader, egal ob Amateur oder Profi, bestreiten einen Gutteil ihrer Gewinne über Ein- und Ausstiegssignale, die mit Hilfe der in diesem Buch beschriebenen Analysemethoden ermittelt werden. Die Techniken in diesem Buch bieten Ihnen allerdings noch weit mehr als reine Tradingsignale: Sie schützen Sie vor Verlusten! Trader der Strategien dieses Buches gehörten zu den Gewinnern der Finanzkrise 2008/2009. Mit einigen wenigen, simplen Analysemethoden konnten und können Sie sich in großen Kursbewegungen entsprechend positionieren, Ihre Verluste begrenzen und überdurchschnittliche Gewinne erzielen. In diesem Kapitel erkläre ich Ihnen, wie auch Sie diese Techniken für Ihren Erfolg nutzen können!

Viele Leute versuchen Marktbewegungen vorherzusagen und scheitern spätestens nach ein paar Zufallstreffern kläglich. Es ist leicht, in einem Bullenmarkt (stetig steigende Kurse) Gewinne zu erwirtschaften. Sie werden einige Trader finden, die in den »fetten Jahren« der Dotcom-Blase ein Vermögen verdient haben, nur um es dann nach Platzen eben jener Blase den Märkten wieder zurückzugeben. Hochmut kommt vor dem Fall und dieses Sprichwort gilt auch für das Trading. Laufen Sie und laufen Sie schnell, wenn Ihnen jemand ein Tradingsystem verkaufen möchte, das ohne Verluste exorbitante Renditen verspricht. Laufen Sie auch, sobald Ihnen jemand erzählen möchte, er hätte verstanden, wie das Trading funktioniert, oder dass der »Heilige Gral« des Tradings von gerade ihm gefunden wurde. Merken Sie sich: Es gibt keine Geheimnisse! Sie selbst bestimmen Ihren Erfolg.

Das eigentliche Motiv für den Einsatz der Techniken in diesem Buch sind: Gewinne! Die Voraussetzung dafür ist ein Trend eines Wertpapiers und dass Aktien über einen gewissen Zeitraum relativ geordnet und stetig in eine Richtung und eben nicht chaotisch und zufällig verlaufen. Auch das scheint banal – natürlich verlaufen Börsen in Trends, das weiß jeder. Das war aber nicht immer so. Heute sind die Zeiten vorbei, an denen an Universitäten die Random-Walk-Theorie gelehrt wurde, die besagt, dass jegliche Kursverläufe zufällig oder chaotisch zustande kommen und damit nicht prognostizierbar sind. Heute wird allgemein anerkannt, dass Märkte sehr wohl in feststellbaren Trends verlaufen und dass dieses Phänomen nutzbar gemacht werden kann, obwohl es bis heute nicht wissenschaftlich bewiesen ist. Sie müssen es schaffen, Trends zu erkennen, an ihnen möglichst früh und möglichst lange teilzuhaben, und dazu brauchen Sie unter anderem eine gute Analysemethode.

Im Wesentlichen gibt es zwei Analysemethoden, die Sie verwenden können, um die Börse einzuschätzen: die

Technische und die fundamentale Analyse. Fundamentale Analysten nutzen Unternehmensdaten (Bilanzkennzahlen und anderes), um den Wert eines Unternehmens und damit einen zukünftigen Aktienpreis zu bestimmen. Die fundamentale Analyse ist komplex und langwierig. Technische Analyse hingegen erlaubt eine schnelle und unkomplizierte Übersicht über die Preisentwicklung und wird daher von vielen Tradern bevorzugt. Ein Technischer Analyst versucht mit Hilfe von Charts, die zukünftige Marktrichtung einzuschätzen. Die Technische Analyse wird bei Börsianern immer beliebter. Hierbei geht es nicht um Unternehmenskennziffern, dem traditionellen Feld der klassischen Fundamentalanalyse, auch nicht um den streng mathematischen oder quantitativen Analyseansatz.

Technische Analyse (TA)

Das Hauptmotiv der Technischen Analyse ist, von Trends gewinnbringend zu profitieren. Letztlich sind für den Aktienkäufer nur folgende Aspekte wirklich entscheidend: möglichst früh einen Aufwärtstrend identifizieren, dann so lange wie möglich daran teilhaben, um schließlich rechtzeitig den Trendwechsel zu erkennen und gewinnbringend zu verkaufen.

Unter technischer Analyse oder auch Chartanalyse versteht man eine Vielzahl einzelner Verfahren, die eine Einschätzung von Kursen anhand historischer Kursentwicklungen anstreben. Zur Unterstützung der Prognosen werden verschiedene Indikatoren herangezogen. Technische Analyse ist eine Zeitreihenanalyse, also die Analyse von historischen Kursverläufen bis hin zur Gegenwart, um ein Bild davon zu bekommen, wie die aktuelle Situation ist und wo es hingehen könnte. Das wichtigste Werkzeug des technischen Analysten sind die sogenannten Charts, die grafische Abbildung der historischen Kursverläufe. Allen charttechnischen Analyse-Modellen ist die Annahme gemeinsam, dass es wiederkehrende, beobachtbare Ereignisse mit ähnlichen Zukunftsverläufen gibt. So können – je nach nachdem, welcher Disziplin ein Chartanalytiker folgt – bestimmte geometrische Muster oder rein statistische, quantitative Indikatoren als »Richtungsanzeiger« verwendet werden. Man kann die technische Analyse durchaus mit einer modernen Wettervorhersage vergleichen.

Alle Kauf- und Verkaufsentscheidungen an der Börse werden von Menschen aus rationalen oder emotionalen Gründen heraus getroffen, wobei es oft auch eine Mischung von beiden ist. Aber das Wichtigste ist: Die Entscheidungen werden von Menschen getroffen (auch die computergesteuerten Handelssysteme wurden von uns geschaffen). Der in einem Chart abgebildete Kursverlauf ist also nichts anderes als ein Abbild menschlicher Verhaltensweisen, ein regelrechtes Psychogramm. Ein Chart dokumentiert die Summe aller Einzelpsychen, die mit ihren jeweiligen Kauf- und Verkaufsentscheidungen genau diesen Kursverlauf erzeugt haben. Zum richtigen Verständnis der technischen Analyse ist es wichtig, sich diese an sich banale Erkenntnis voll bewusst zu machen.

Der Mensch verhält sich in vergleichbaren Situationen meistens ähnlich, wenn auch nicht unbedingt gleich. Wir alle kennen das aus dem täglichen Leben: Je besser wir einen Menschen kennen, desto besser können wir einschätzen, wie er in verschiedenen Lebenslagen reagiert und was er als Nächstes tut. Auch das Massenverhalten wird um so kalkulierbarer, je mehr man es als Psychologe, Soziologe oder Philosoph sieht. Aber auch der technische Analyst lebt von diesen meist ähnlichen Verhaltensweisen. Um die zukünftige Kursentwicklung zu prognostizieren, muss der technische Analyst erst einmal die Ausgangsbasis, also die gegenwärtige Verfassung des Marktes ermitteln und wissen, wie der Markt früher in vergleichbaren Situationen reagiert hat. Unter diesen Voraussetzungen verwundert es nicht mehr, dass wir in den Charts immer wieder ähnliche und wiederkehrende Kursverläufe, ja sogar regelrechte Kurs- und Verhaltensmuster vorfinden.

Finden Sie Ihren Weg im Preis-Wirrwarr

Die meiste Zeit bewegen sich die Preise mehr oder weniger geordnet. Es gibt nur drei wichtige Zustände: steigende, fallende und seitwärts laufende Märkte.

Preise entwickeln diese Formen, weil Trader sich immer wieder in denselben Verhaltensmustern bewegen. Wir können Preise und ihre Bewegungen berechnen, weil wir menschliches Verhalten messen können. Es klappt zwar nicht perfekt – aber es klappt!

Technische Analyse gibt es bereits seit einigen hundert Jahren. So wurde bereits im alten Japan die Chart-Darstellung in Form von Kerzen für die Visualisierung der Preisbewegungen auf dem Reismarkt genutzt. Da wusste noch niemand hier im »Westen«, was überhaupt ein

Chart ist. Auch heute gelten in der technischen Analyse die »Candlestick«-Charts als beliebte Preisabbildung.

Das vermutlich Erstaunlichste an der technischen Analyse ist, dass Theorien über Preisbewegungen aus dem 19. Jahrhundert noch heute aktuell sind und wir Preisbewegungen von damals im heutigen Marktgeschehen genau so wiederfinden können. Auch der Einzug vieler computergestützter Charting- und Mustererkennungsprogramme hat daran nichts ändern können. Fest steht, dass es bei der TA darum geht, das menschliche Verhalten zu erfassen, das den Preisbewegungen zu Grunde liegt. Angst und Gier. Panik und Euphorie. Bullen und Bären. Steigende und fallende Kurse.

Machen Sie sich noch einmal bewusst:

► Die technische Analyse hilft Ihnen, Preisbewegungen zu messen und gibt Aufschlüsse über mögliche Ein- und Ausstiegspunkte.

► Sie führen den Trade aus. Technische Analyse unterstützt Sie nur bei Ihrer Entscheidungsfindung. Daher garantiert die technische Analyse nicht unmittelbar den Börsenerfolg.

► Beobachten Sie den Markt! Mit der Zeit lernen Sie, wiederkehrende Muster zu erkennen und darauf zu reagieren. Als Anfänger werden Sie kaum in der Lage sein, einen Chart für sich nutzbringend zu interpretieren. Nehmen Sie sich für den Lernprozess Zeit.

► Tradingmathematik und Indikatoren helfen Ihnen, Algorithmen zu verstehen. Indikatoren helfen Ihnen, beispielsweise Trends und Trendstärken zu erkennen. Sie signalisieren Ihnen auch potenzielle Umkehrpunkte.

Was Sie brauchen, um zu starten – der Werkzeugkasten der technischen Analyse

In den vorherigen Kapiteln haben Sie die Grundzüge des Tradings kennengelernt. Die technische Ausstattung eines Traders besteht aus einem PC, einer Internetverbindung und einer Charting- und Tradingsoftware. Für die Beispiele in diesem Buch wird der FEXtrader Pro® der FX Direktbank verwendet. Dieses Programm bietet Ihnen alles, was Sie zum unkomplizierten Start für Ihr Trading benötigen: Charting-Modul, aktuelle Nachrichten und Handels-Tickets, um Ihre Order direkt eingeben zu können. So sparen Sie sich aufwändige und teure Software und erhalten alles aus einer Hand. Screenshots von Kursverläufen und Beispielcharts hat der FEXtrader Pro® ebenfalls. Investieren Sie auch in Ihre Ausbildung. Lesen Sie Bücher und besuchen Sie Seminare. Bauen Sie sich ein Netzwerk auf. Wenn Sie sich bereit fühlen, besteht Ihre erste Aufgabe darin, die Investitionen in Ihre Ausbildung als Trader an der Börse wieder zu verdienen! Legen wir also los...

In diesem Kapitel werden Sie die Schlüsselkonzepte der technischen Analyse kennenlernen. Sie werden in der Lage sein, eine einfache Chartanalyse selbst durchzuführen und sich Ihre eigene, unabhängige Meinung über die Preisentwicklung einer Aktie zu bilden. Sie werden einfache Chart-Muster kennenlernen und an eingängigen Beispielen das Prinzip von Widerstand und Unterstützung verstehen lernen.

Haben Sie dieses Grundkonzept einmal verstanden, haben Sie einen wichtigen Schritt in Ihrer Trader-Karriere bereits absolviert: Sie sind in der Lage, den Markt unabhängig einzuschätzen.

Die Fieberkurven der Börse: der Chart

Ohne Chart keine Technische Analyse! Der Chart bildet die für Sie wichtigste Information ab: die vergangene und gerade aktuelle Preisentwicklung eines Basiswertes.

Es gibt verschiedene Darstellungsoptionen für einen Chart.

Am häufigsten findet man:

► Liniencharts
► Candlestickcharts
► Barcharts

Weitere Charttypen sind unter anderen:

Dottet-, Stepped Line-, Filled Area-, Histogramm-, Linked Forrest-, Point-and-Figure-, Renko-, Footprint-, Heikin-Ashi-, Kagi-Charts.

Hinweis

In diesem Buch findet wegen seiner klaren und einfachen Darstellungsweise weitestgehend der Candlestick-Chart Verwendung. Den nachfolgenden Beispielen für die drei am häufigsten verwendeten Charttypen liegt jeweils der Kursverlauf der Apple Inc. Aktie (AAPL) auf Tagesbasis zu Grunde.

Der Linienchart

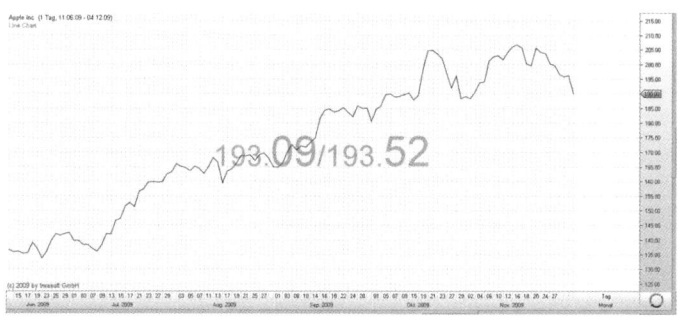

Abb. 10: Der Linienchart auf Tagesbasis

Liniencharts sind die einfachste Darstellungsform einer Kursentwicklung, denn sie bilden nur die Schlusskurse über eine bestimmte Zeitperiode ab (hier: Tagesdaten – also Schlusskurse zum jeweiligen Handelstag). Die Linie entsteht, indem man die einzelnen Schlusskurse miteinander verbindet. In der Abbildung ist der Tageschart der Apple-Aktie (AAPL) dargestellt. Sie sehen, dass auf der horizontal gelegenen Abszisse (X-Achse) der Zeitverlauf und auf der vertikal gelegenen Ordinate (Y-Achse) der Kurs eingetragen sind. Es handelt sich also um ein Koordinatensystem, in das die Kurse automatisch eingezeichnet werden. Der Nachteil von Liniencharts ist, dass nur ein einziger Kurs abgebildet ist, nämlich der Schlusskurs der jeweiligen Zeitperiode (hier: Tag).

Als Trader stehen Ihnen allerdings mindestens drei weitere Kurspunkte zur Verfügung:

- ► Eröffnungskurs
- ► Hoch (höchster Kurs der Zeitperiode)
- ► Tief (tiefster Kurs der Zeitperiode)

Diese Kurspunkte enthalten ebenfalls wertvolle Informationen für Ihre Analyse, werden aber in Liniencharts nicht abgebildet. Daher eigenen sich Liniencharts nur bedingt für komplexe Analysen, bieten aber eine einfache und schnelle Übersicht: Steigt oder fällt der Kurs?

Der Barchart

Abb. 11: Der Barchart auf Tagesbasis

Der Barchart enthält mehr Informationen als der einfache Linienchart. Die Kursschwankungen (Tradingrange) eines Tages werden durch einen vertikalen Strich gekennzeichnet. An einem solchen Strich lassen sich also Eröffnungskurs, Höchstkurs, Tiefstkurs und Schlusskurs ablesen (OHLC = open, high, low, close).

Der Eröffnungskurs ist der horizontale Strich auf der linken Seite, der Schlusskurs der Strich auf der rechten Seite.

Die vertikale Linie zeigt Höchst- und Tiefstkurse.

Liegt der Schlusskurs unterhalb des Eröffnungskurses, wird der Balken rot eingefärbt. Liegt der Schlusskurs über dem Eröffnungskurs, wird der Balken blau eingefärbt. So lässt sich ein präzises Bild der Kursbewegung einer Zeitperiode zeichnen. Auf diese Weise können Sie bereits am Farbmuster erkennen, ob es sich eher um steigende oder fallende Märkte handelt.

Hier nochmals eine Darstellung eines einzelnen Balkens:

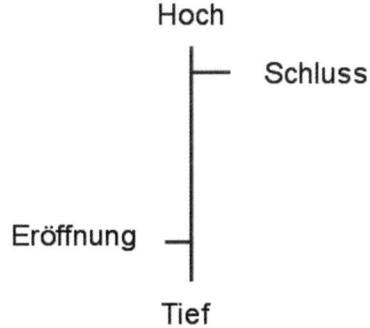

Abb. 12: Anatomie eines Balkens

Diese Darstellungsweise wird für alle Zeitperioden genutzt. Wird in einem Intraday-Chart die Darstellungsform »1 Minute« gewählt, enthält ein einzelner Balken die gesamte Kursinformation einer Minute (OHLC).

Die am häufigsten gebrauchten Zeiteinteilungen sind:

► 1 Minute
► 5 Minuten
► 15 Minuten
► 60 Minuten
► Tageschart
► Wochenchart
► Monatschart

Kerzenschein-Romantik: Der Candlestick-Chart

Abb. 13: AAPL – Tageschart mit Candlestick-Darstellung

Wie schon eingangs erwähnt, zählt der Kerzenchart zu den ältesten Darstellungsformen der Charttechnik. Er wurde bereits im 17./18. Jahrhundert in Japan zur Darstellung der Preisentwicklung auf dem Reismarkt verwendet (Homma Munehisa).

Der Kerzenchart zählt zu den unter Tradern beliebtesten Darstellungsformen, besonders im Forex- und

Day-Trading. In der Art und Weise der Candlestick-Chart-Darstellung liegt gleichzeitig ihr größter Nachteil: Candlestick-Charts lassen auf Grund ihres Platzbedarfs auf dem Bildschirm nur eine eher kurz- bis mittelfristige Beurteilung des Handelsgeschehens zu.

Auf den ersten Blick ähnelt er vor allem wegen der Farbgebung dem Barchart; allerdings unterscheidet er sich in der Darstellungsform der OHLC-Kurse.

Wie auch beim Barchart bildet der Candlestick-Chart Er-öffnungs-, Höchst-, Tiefst- und Schlusskurs in einer »Kerze« ab. Die Schwankungsbreite der Kurse (auch Volatiliät genannt) ist an der Länge des Kerzenkörpers ersichtlich.

Je länger die Kerze, desto größer die Schwankungsbrei-te. Aus dem Kerzenkörper selbst ragen vertikale Striche nach oben und unten. Diese Striche werden als Docht, Lunte oder Schatten bezeichnet und symbolisieren die Extremwerte (Höchst- und Tiefstkurs) einer Zeitperiode.

Die Candlestick-Darstellung hat dazu geführt, dass ver-schiedene Muster, also die Abfolge von bestimmten Ker-zen, empirisch untersucht wurden. Bestimmte Muster erlauben Aussagen über zukünftige Kursbewegungen. Einige wichtige Aussagen werden hier im Anschluss besprochen. Viele weitere lassen sich zum Beispiel im Buch von Steve Nison (»Technische Analyse mit Candle-sticks« und in anderen Büchern) nachlesen. Steve Nison verhalf der in der westlichen Welt zwischenzeitlich in Vergessenheit geratenen Candlestick-Darstellungsform zu einer Renaissance und gilt als »Wiederentdecker« der Kerzencharts.

Vereinfachte Darstellung einer Kerze:

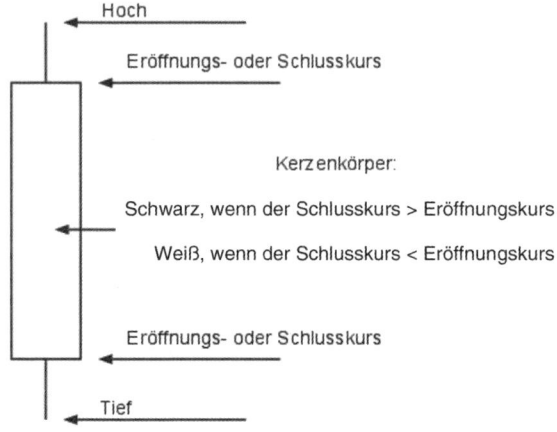

Abb. 14: Anatomie einer Kerze

Fazit

Sie haben nun die wichtigsten Charttypen kennengelernt und einen Einblick in die Grundzüge der Technischen Analyse erhalten. Ihnen ist deutlich geworden, dass wir als Trader vier wesentliche Kurspunkte beobachten: Open, High, Low, Close (OHLC) und dass der Chartmarker (zum Beispiel eine Kerze) eine frei definierbare Zeitperiode enthalten kann (Jahres-, Monats-, Wochen-, Tages- und Minutenbasis). Man spricht in diesem Fall von Granularität. Der FEXtrader Pro® enthält alle oben genannten Einstelllungsoptionen und bietet Ihnen somit die Möglichkeit, unkompliziert professionelle Chartanalysen durchzuführen.

It's all about the trend: Trends, Trendlinien, Trendkanäle

Öffnen Sie einen beliebigen Chart auf Monatsbasis im FEXtrader Pro® und schauen Sie sich die Preisentwicklung an. Wie Sie bei fast jedem Basiswert unschwer erkennen können, bewegen sich beispielsweise Aktien oder auch Rohstoffe in Trends. Diese halten häufig eine lange Zeit an und werden zwischendurch von Korrekturphasen unterbrochen, um anschließend noch höhere Kursmarken zu erklimmen. Sie werden auch feststellen, dass die meisten Trends in einer Aufwärtsbewegung verlaufen. Charttechniker sprechen von einem latenten Long-Bias. Trotzdem werden Sie verschiedene Trendrichtungen ausmachen können. Die Dow-Theorie (nach Charles Dow, dem Begründer der technischen Analyse) beschreibt drei grundlegende Trendrichtungen:

► aufwärts
► seitwärts
► abwärts

Und das war es auch schon. Mehr gibt es nicht. Doch leider ist es nicht ganz so leicht...

»The trend is your friend«, heißt der bekannte Traderspruch. Wenn Sie die Trendrichtung richtig ausgemacht haben und den Trend dann für sich nutzen, ist der Weg zu Börsengewinnen nicht mehr weit! Trend-Trades versprechen die höchsten Renditen, gelten allgemein aber als schwierigster Tradingstil. Ihre Emotionen werden Sie häufig genug an der Nase herumführen und so schaffen es nur die wenigsten, einen Trend-Trade bis zum bitteren Ende durchzustehen. Sollten Sie zu den wenigen erfolgreichen Trend-Tradern gehören, wartet am Ende des Trends ein fetter Topf voller Gold auf Sie: Denn Trend-Trades ermöglichen exorbitant hohe Gewinne – gerade, wenn Sie diese Trades mit Hebelprodukten wie CFDs (Forex) ausnutzen. Renditen von mehreren hundert Prozent sind so keine Seltenheit. Da kommt Ihr Sparbuch ins Hintertreffen.

Wie erkenne ich einen Trend?

Die Antwort lautet: mit Technischer Analyse! Eine andere Antwort würden Sie im Kapitel »Technische Analyse« wohl auch eher nicht erwarten.

Trends zeichnen sich durch kontinuierliche höhere Hochs und höhere Tiefs (Aufwärtstrend) beziehungsweise tiefere Tiefs und tiefere Hochs (Abwärtstrend) aus. Wenn Sie sich die Charttechnik der Candlesticks noch einmal in Erinnerung rufen: Sie besagt, dass die folgende Kerze immer höher als die vorhergehende eingezeichnet wird (beziehungsweise immer tiefer, wenn der Trend nach unten zeigt). Schauen Sie einmal auf folgendes Chartbild. Um welchen Trend handelt es sich?

Richtig! Es handelt sich um einen Aufwärtstrend. Das Chartbild zeigt den EUR/USD Spot. Es wird also ein Währungspaar abgebildet.

Um Ihre Analyse zu verfeinern, können Sie nun einfach Zeichenwerkzeuge auf diesen Chart anwenden, um Ein- und Ausstiegspunkte ausmachen zu können. Der

Technische Analyst arbeitet mit Linien, sogenannten Trendlininen.

Abb. 15: EUR/USD – um welchen Trend handelt es sich?

Um eine Trendlinie korrekt einzuzeichnen, müssen Sie ein wenig experimentieren. Eine richtig eingezeichnete Trendlinie fängt möglichst offensichtlich die markanten Ansatzpunkte der Kursbewegungen ein.

Nach der Dow-Theorie ergeben sich im primären Trend (zum Beispiel Aufwärtstrend) sekundäre Trends (Korrekturen). Diese Korrekturen stellen »Preisrücksetzer« dar, die wir mit Hilfe der Trendlinien feststellen können.

Sie sehen hier nun den EUR/USD-Chart mit zwei parallel verschobenen Trendlinien. Diese parallel verlaufenden *Trendlinien* bilden einen *Trendkanal*.

Abb. 16: EUR/USD – Aufwärtstrend

Voraussetzungen für das Zeichnen einer Trendlinie/ eines Trendkanals

► ein Trend muss gegeben sein,
► mindestens zwei Auflagepunkte müssen vorhanden sein.

Wie können Sie die Trendlinien nun für sich nutzen?

Die Auflagepunkte der Trendlinie dienen Ihnen gleichzeitig als Einstiegspunkte für mögliche Trades. Beherzigen Sie den Grundsatz, möglichst immer in Trendrichtung zu handeln. Gehen Sie also eher keine Short-Positionen in einem Aufwärtstrend ein und umgekehrt keine Long-Positionen in einem Abwärtstrend.

Der Seitwärtstrend

Eigentlich kann man bei Seitwärtsphasen nicht von Trend sprechen, denn der Kurs bewegt sich eben nicht in einer stetigen Auf- oder Abwärtsbewegung, sondern läuft mit einigen Schwankungen um einen Kurs seitwärts.

In Seitwärtsmärkten lässt sich für den Trend-Trader kaum Geld verdienen – deshalb gilt diese Marktphase auch als besonders zermürbend. Sind Sie in dieser Marktphase investiert, verspielen Sie die Möglichkeit, Ihr Geld an anderen Stellen einzusetzen. Sie verlieren zwar kein Kapital, werden es aber auch kaum vermehren können.

Das Problem ist allerdings, dass Sie als Trader die meiste Zeit Seitwärtsmärkte antreffen werden. Starke Auf- und Abwärtstrends sind signifikant seltener anzutreffen.

Trotzdem können Sie die Seitwärtsphase, auch Tradingrange genannt, für sich profitabel nutzen.

Machen Sie sich bewusst, dass Ihr Geld keinem Risiko unterliegt, solange Sie nicht investiert sind. Sie können die Tradingrange also als »Verschnaufpause« für Ihr Trading nutzen und mit wenigen einfachen Mitteln herausfinden, wann Sie nach Ende der seitwärts laufenden Kurse wieder in den Markt einsteigen können.

Übrigens: Ausbrüche aus Seitwärtsphasen bieten Ihnen häufig potenziell wertvolle Konstellationen. Denken Sie immer daran, viele Trader sehen das Chartmuster, das Sie auch für sich festgestellt haben. Kommt es nach einer langen Ruhephase nun zu einer ungewöhnlichen Kursbewegung, zieht das nicht zuletzt auch andere Trader an und der Trend beginnt sich selbst zu nähren.

Ein gutes Beispiel bietet folgender Tageschart der Amazon-Aktie:

AMZN konnte im Oktober 2009 aus einer mehrmonatigen Tradingrange ausbrechen. Anschließend entstand eine deutliche Aufwärtsbewegung, die über mehrere Wochen anhielt und mehr als 30 Prozent Kursanstieg zur Folge hatte.

Abb. 17: AMZN – Tageschart: Ausbruch aus Seitwärtsphase

Dieser Chart bietet auch ein gutes Beispiel dafür, dass sich Trends schnell und plötzlich entwickeln können. Seit dem Ausbruch aus der Seitwärtsphase befindet sich die Amazon-Aktie in einem starken Aufwärtstrend, der erst Ende 2009 zu konsolidieren beginnt. Als geduldiger Trader hätten Sie diesen Ausbruch handeln und seitdem eine ansehnliche Rendite erwirtschaften können. Sollten Sie mal einige Monate nichts mit dem Trading verdienen, so zahlt ein solcher Trade im Nachhinein Ihr Gehalt mit. Bleiben Sie also geduldig und traden Sie nur die wirklich eindeutigen Signale.

Der Abwärtstrend

Abwärtstrends sind das Gegenteil von Aufwärtstrends. In diesem Fall notieren die Kurse des Basiswertes mit immer tieferen Tiefs und tieferen Hochs.

Abwärtstrends können Sie für sich nutzen, indem Sie zum Beispiel eine Aktie leerverkaufen (»short gehen«). Mit Hilfe von CFDs, die Sie ja bereits zu Beginn des Buches kennengelernt haben, sind Sie in der Lage, einfach und günstig von Kursrückgängen zu profitieren.

Gültige Abwärtstrends benötigen ebenfalls mindestens zwei Auflagepunkte für die Trendlinie.

Ein Beispiel für einen ausgeprägten Abwärtstrend bietet die Volkswagen-Aktie (Kürzel: VOW), wie Sie auf dem Tageschart unschwer erkennen können.

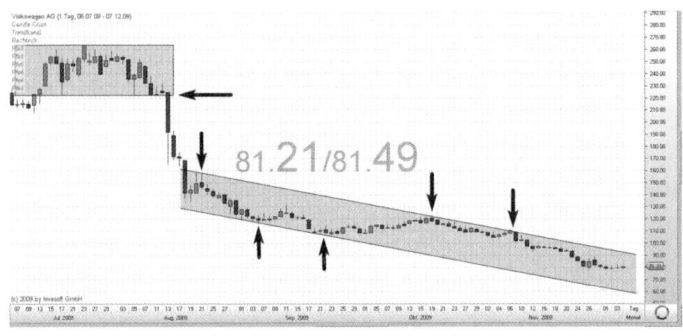

Abb. 18: VOW – Abwärtstrend nach Seitwärtsphase

Aus der Praxis

Mit Abwärtstrends lässt sich häufig schneller Geld verdienen als mit aufwärtsgerichteten Kursbewegungen. Der Grund liegt wiederum in der Natur der Menschen: Fallende Kurse lösen häufig panikartige Verkäufe aus. Daher laufen diese Bewegungen häufig deutlich schneller ab als stetig steigende Kurse.

Das Prinzip von Widerstand und Unterstützung

Innerhalb von Trends lassen sich Preismarken feststellen, an denen der Kursverlauf umdreht oder seine Laufrichtung beendet. Der technische Analyst nennt diese Chartmarken Unterstützung und Widerstand beziehungsweise Support and Resistance. Fällt der Kurs einer Aktie auf eine Unterstützung und entstehen im nachfolgenden Kursverlauf keine neuen Tiefs, gilt dieses Kursniveau allgemein als stabiler Test eines Kursniveaus, das sinnvolle Einstiege in die entgegengesetzte Trendrichtung bietet. Umgekehrt verhält es sich, wenn eine Aktie daran scheitert, neue Hochs auszubilden. Hier spricht man dann von einem Widerstand. Diese Begriffe können je nach Handelsrichtung (short oder long) im umgekehrten Sinn verwendet werden.

Um diese etwas verwirrende, aber eigentlich einfache Terminologie zu veranschaulichen, schauen wir uns nochmal den Chart der Apple Inc.-Aktie an (AAPL):

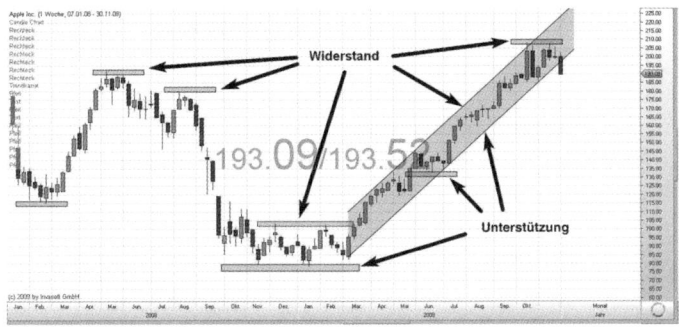

Abb. 19: AAPL – Unterstützung und Widerstand

Im Wochenchart sind Kursniveaus markiert, die für den folgenden Kursverlauf von besonderer Bedeutung waren: Ein Test der Unterstützungen und Widerstände führte immer zu einer Fortsetzung der übergeordneten Trendrichtung. Ausnahmen bilden erfolglose Tests dieser Preismarken. Hier kommt es zu Ausbrüchen und anschließend bilden sich neue Trendrichtungen aus.

Tipp

Werden eine Unterstützung oder ein Widerstand gebrochen, drehen sich meist ihre Funktionen um: Die Unterstützung wird zum Widerstand und umgekehrt.

Ausbrüche (Break-Out-Trading)

Will man von starken Marktbewegungen profitieren, bieten Ausbrüche beim Trading Signale mit hoher Trefferquote und starken, anschließenden Kursbewegungen.

Sie kennen jetzt die drei grundlegenden Trendrichtungen. Jeder Trend findet allerdings früher oder später einmal ein Ende. Wenn Sie es schaffen, diese Wendepunkte festzustellen, können Sie sich frühzeitig auf die richtige Marktseite stellen und von der anschließenden Bewegung profitieren.

Wird ein Trend in eine bestimmte Richtung verlassen – also gebrochen –, spricht man von einem Ausbruch oder auch »Break Out«. Ein Ausbruch ist erst gültig, wenn der vorhergehende Trend signifikant gebrochen wird. Die Kursbewegung sollte hierbei im Chart deutlich erkennbar sein und sich deutlich außerhalb der täglichen Kursschwankungen, dem »Marktrauschen«, bewegen.

Ein gutes Beispiel bietet die Apple Inc.-Aktie (AAPL-Wochenchart).

Abb. 20: AAPL – steiler Aufwärtstrend nach Seitwärtsphase

Der Aufwärtstrend scheint mit der letzten roten Kerze gebrochen zu sein.

Short-Einstiege sind Long-Trades jetzt vorzuziehen.

So optimieren Sie Ihre Tradingstrategie für Ausbrüche

► Ausbrüche aus langfristigen Trends (Wochen-, Monats- oder Jahreschart) bieten meist profitablere Einstiege als kurzfristige Ausbrüche (Minuten- oder Stundenchart)
► Behalten Sie das »Marktrauschen«, also die normale Schwankungsbreite der Kurse, im Auge, um sich vor Fehlausbrüchen zu schützen. Nur Ausbrüche, die wirklich signifikante Bewegungen einleiten, sind gültige Ausbrüche.
► Warten Sie auf die Bestätigung des Ausbruchs. Sie können immer später einsteigen. Seien Sie nicht zu gierig, um sich vor Verlusten zu schützen.
► Machen Sie sich bewusst, dass Sie niemals am Tief oder am Hoch oder besser gesagt am optimalen Punkt in den Trade kommen. Diese Einsicht ist wichtig, damit Sie beim Trading nicht zu hart zu sich selbst sind und neue Signale gelassen traden können!

Bleiben Sie passiv

Ein altes Tradingsprichwort lautet: »Hin und her macht Taschen leer«.

Es ist wichtig, gute Tradingsignale zu finden – noch wichtiger ist es allerdings, schlechte Signale zu vermeiden!

Sie werden im Laufe Ihrer Trader-Karriere feststellen, dass Sie immer wieder Fehlsignalen aufsitzen werden. Aus diesem Grund ist es wichtig, dass Sie eine Bestätigung für Ihr Signal abwarten. Konkret bedeutet das, nach einem Ausbruch die Kurse erst einmal etwas in die antizipierte Richtung laufen zu lassen und dann etwas verspätet einzusteigen. So können Sie wirklich sicher sein, dass sich Ihr Signal auch als richtig herausstellt. Sie kommen so zwar etwas verspätet in den Trade, vermeiden aber unnötige Verluste durch unausgereifte Einstiege. Erfahrungsgemäß ist der Verlust, den Sie durch zu späte Einstiege erleiden, im Vergleich zu Verlusten, die Sie bei unsicheren Signalen erleiden werden, zu vernachlässigen!

Geduld zahlt sich also auch beim Trading aus. Sie ist eine der wichtigsten Trader-Tugenden. Mehr dazu können Sie im Kapitel »Tradingpsychologie/Behavioural Finance« nachlesen.

Ein schönes, zusammenfassendes Beispiel für die Anwendung aller beschriebenen Analysemethoden bietet das wohl bekannteste Beispiel des Jahres 2009: der Goldchart (Gold Spot).

Beispiel Gold (Gold Kassa):

Der Ausbruch aus der Tradingrange über 960 Punkte hatte ein neues Allzeithoch aufgrund eines stetigen Aufwärtstrends zur Folge. Hier der Chart aus dem FEXtrader Pro®:

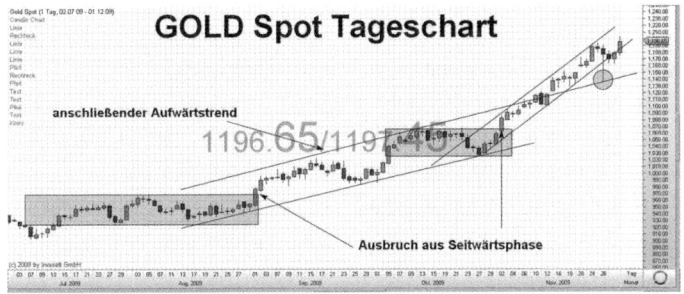

Abb. 21: Gold-Kassa-Tageschart: Ausbruch aus Tradingrange

Fazit

Sie haben jetzt die drei wichtigsten Trendformen nach der Dow-Theorie kennengelernt: Aufwärts-, Seitwärts- und Abwärtstrend.

Sie sollten jetzt in der Lage sein, Trends, Widerstände und Unterstützungen sicher festzustellen und unter Zuhilfenahme der Hilfsmittel Ihres Charting-Programms, zum Beispiel im FEXtrader Pro®, Trendlinien und Trendkanäle sicher zu zeichnen.

Machen Sie sich noch einmal bewusst, dass Trends häufig mit Ausbrüchen gegen die Trendrichtung beendet werden und dass diese Signale profitable Einstiege für neue Trend-Trades liefern. Widerstand und Unterstützung bieten Ihnen wichtige Landmarken im Chartbild.

Zum Abschluss des Kapitels »Technische Analyse« werden Sie einige wichtige Chartformationen und -muster sowie den Einsatz von Indikatoren kennenlernen. In der Charttechnik macht Übung den Meister. »Repetition is the mother of skill«, sagte schon Anthony Robbins (bekannter Motivationstrainer und Therapeut). Beim Trading verhält es sich nicht anders. Je mehr Analysen Sie selbstständig durchführen, je besser Sie Ihr Charting-Werkzeug kennen, desto geübter geht Ihnen folglich die Einschätzung einer Kursentwicklung von der Hand. Je öfter Sie mit bestimmten Chartmustern und Kombinationen von Analysemethoden konfrontiert werden, desto schneller entwickeln Sie ein Bauchgefühl für mögliche Ein- und Ausstiegspunkte. Mit der Zeit werden Sie Ihr Trading meistern. Voraussetzung ist, dass Sie kontinuierlich an Ihren Fähigkeiten arbeiten.

Mustererkennung

Die Candlestick-Chart-Darstellung ermöglicht Ihnen am ehesten eine Interpretation von Chartmustern. Ziel dieser Analyse ist es, herauszufinden, ob Käufer und Verkäufer die Kontrolle über den von Ihnen betrachteten Basiswert haben. Chartmuster entstehen als Folge der Marktpsychologie. Sie sind also direkte Konsequenz und damit Abbild des Verhaltens aller Marktteilnehmer. Nachfolgend behandeln wir folgende Formationstypen:

► Umkehrformationen (»Hammer« und »Hanging Man«)
► Fortsetzungsformationen
► Doji

Umkehrformationen

Umkehrformationen können frühe Signale einer Trendumkehr sein. Wichtig ist, dass Sie einzelne Signale nicht überbewerten, sondern im Kontext der vorhergehenden Kursbewegung betrachten. Folgt auf ein Umkehrsignal tatsächlich eine Trendwende, haben Sie noch immer Zeit, dieses Chartmuster auch tatsächlich zu handeln. Warten Sie also immer auf die Bestätigung eines Signals in Form der nachfolgenden Kursbewegung.

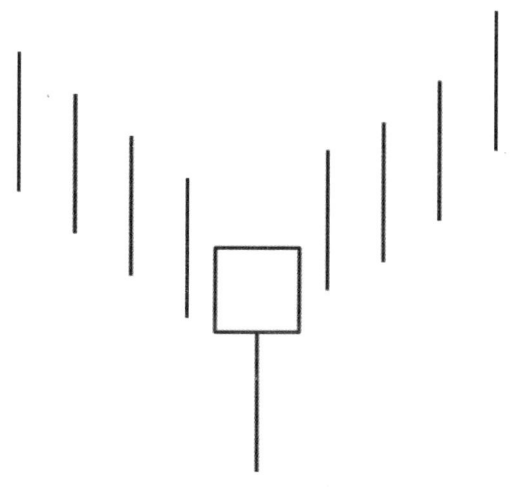

Abb.22: Hammer

Ein Hammer zählt zu den wichtigsten Umkehrformationen. Das japanische Wort für Hammer ist »takuri«. Frei übersetzt beudetet es »Die Tiefe des Wassers durch Erfühlen des Bodens zu erkunden«. Ähnlich verhält es sich auch im Chartbild: Hammer treten häufig am Ende einer langen Abwärtsbewegung auf und signalisieren das Ende dieser Bewegung.

Der Hammer ist eine Kerze mit einem kleinen, fast qua-
dratischen Körper und einem langen Schatten unterhalb
des Körpers. Es sollte keinen oder nur einen sehr kleinen
Schatten oberhalb des Kerzenkörpers geben. Die Farbe
des Körpers ist nicht von Bedeutung. Tritt dieses Signal in einem Abwärtstrend auf, spricht man von einem
Hammer. Folgt diese Chartformation einer Aufwärtsbewegung, wird sie »Hanging Man« genannt.

Im Tageschart der Bank of America findet sich ein Mus-
terbeispiel nach einer starken Abwärtsbewegung. Dieser
Hammer leitete eine Trendumkehr ein.

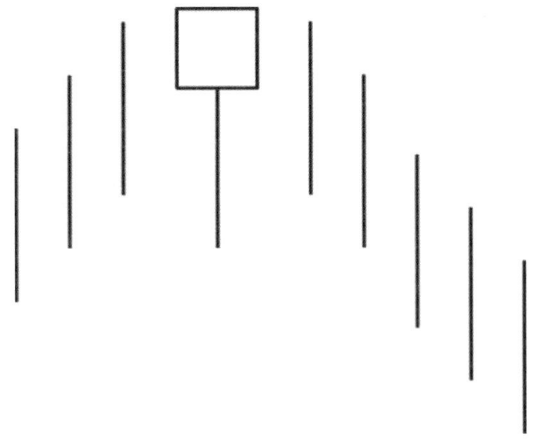

Abb. 23: Hanging Man

Hanging Man

Der »Hanging Man« folgt meistens auf eine Rallye, also
einer Phase kräftiger Kursanstiege. Dieses Chartmuster

kann als frühe Warnung dienen und ein Ende der steigenden Kurse einläuten. Ein Hanging Man hat im Grunde die gleiche Form wie ein Hammer.

Abb. 24: Hammer vor Trendumkehr

Einen Hanging Man finden wir ebenfalls im Tageschart der Bank of America in Abb. 25:

Abb. 25: Hanging Man vor Trendumkehr

Fortsetzungsformationen

Sie haben nun die zwei wichtigsten Umkehrformationen in der Candlestick-Analyse kennengelernt. Fortsetzungsmuster hingegen deuten auf eine weitere Folge von vorhergehenden Kursbewegungen hin, beispielsweise die Fortsetzung einer Rallye.

Rising Three Methods

Innerhalb eines Aufwärtstrends bilden sich drei Kerzen aus, die kurzfristig in die gegenläufige Richtung zeigen:

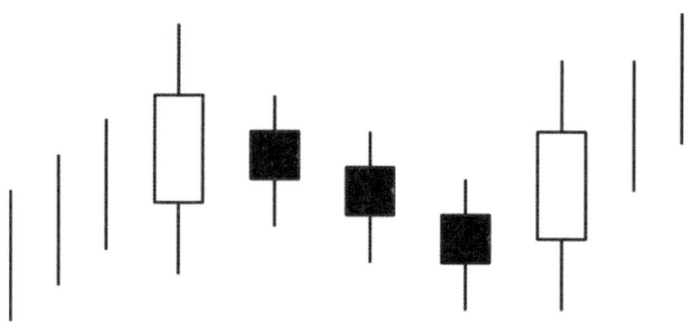

Abb.26: Rising Three Methods

In einem Aufwärtstrend folgen einer längeren weißen Kerze drei absteigende schwarze Kerzen mit kleinen Körpern. Im Anschluss an diese drei Kerzen folgt eine erneute weiße Kerze und neue Hochs bilden sich rasch aus. Dieses Signal ist ein Synonym für die bekannte »Bullenflagge«.

Falling Three Methods

Hierbei handelt es sich um das gleiche Prinzip. Diesmal liegt allerdings ein Abwärtstrend als übergeordnete Trendrichtung zu Grunde. Eine andere Bezeichnung ist auch »Bärenflagge«.

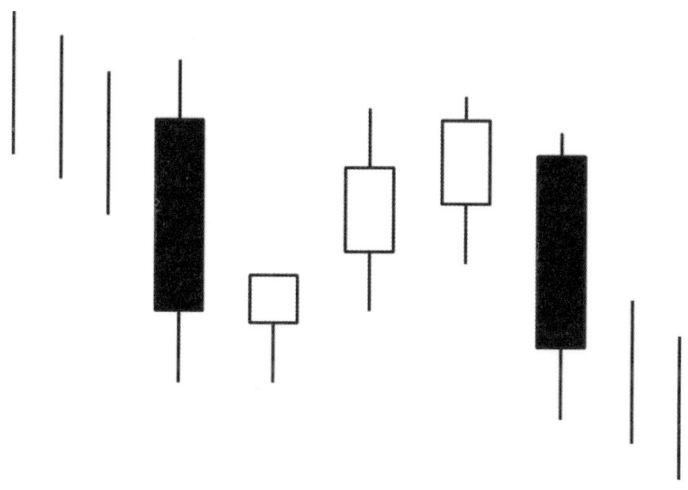

Abb. 27: Falling Three Methods

Gute Beispiele für diese Fortsetzungsmuster finden sich auf dem Wochenchart der Deutschen Bank AG:

Abb. 27.1: Dojis

Der Doji

Der Doji ist im Prinzip ein Zwitter. Er ist Umkehrsignal im Auf- und Abwärtstrend. Seine Bedeutung ist vielfach beschrieben und er gilt als eines der sichersten Signale in der Candlestick-Analyse. Schneller als jeder andere Indikator kann der Doji Trendwenden einläuten. Ein prominentes Beispiel findet sich im Jahr 2007 in der Darstellung der AAPL-Aktie. Mehr dazu nach der folgenden Abbildung des Doji:

Ein Doji ist eine Kerze mit identischem Eröffnungs- und Schlusskurs.

Einen Doji können Sie also leicht erkennen. In Kombination mit den Trendlinien und Trendkanälen bietet der Doji ein enormes Potenzial für Kursprognosen.

Wie eingangs erwähnt, konnte der versierte Technische Analyst Ende 2007 einen Doji am Ende der Rallye in der Apple Inc.-Aktie (AAPL) ausmachen. Dieser Doji stand am Beginn einer langen Abwärtsbewegung.

Philipp Schröder, Trader und Technischer Analyst bei www.daytrading.de, erinnert sich an dieses besondere Signal:

»Als Ende 2007, also noch vor Beginn der Finanzkrise, viele Titel am Euphoriehoch angekommen waren, zeichneten sich in vielen Werten Umkehrtendenzen in Form von einschlägigen Candlestick-Formationen wie Dojis oder Hammer ab. Ich selbst kann mich an ein Signal bei AAPL erinnern, welches letztendlich für fast 30 % meiner Jahresrendite 2008 verantwortlich war«.

Abb.28: Trendwende nach Doji

Auf den Doji am Ende der Rallye zum All-Time-High bei 203 $ folgte ein massiver Abwärtstrend mit Tiefs bei 78.20 $. Hätten Sie diese Kursbewegung mit CFDs gehandelt, wären Ihnen bei 500 Kontrakten (und die kann sich eigentlich jeder mit einem Starterkonto leisten) in der Short-Richtung Anfang 2009 62.000 $ auf Ihrem Konto gutgeschrieben worden. Aus eigener Erfahrung kann ich gerade Anfängern nur empfehlen, aufmerksam die immer wiederkehrenden Chartmuster zu studieren. Häufig ist ein einziger Trade von vielen für die Jahresperformance verantwortlich. Muster, die im Rahmen der Chartanalyse aufgedeckt werden können, ermöglichen dem Tader frühzeitige Einstiege. Manchmal noch bevor sich die eigentliche Folgebewegung etabliert! Schulen Sie also Ihr Auge!

Fazit
Sie haben nun einige wichtige Formationen der Candlestick-Analyse kennengelernt.

Machen Sie sich bewusst, dass jedes vermeintliche Chartmuster nicht bedeutet, dass auch tatsächlich die gewünschte beziehungsweise erwartete Kursbewegung eintritt. Nutzen Sie diese Chartmuster vielmehr als Anhaltspunkt, dem entsprechenden Basiswert besondere Aufmerksamkeit zukommen zu lassen! Handeln Sie nach einer Bestätigung des Signals. Das gibt Ihnen Sicherheit und nicht zuletzt Tradinggewinne!

Indikatoren

Zu Ihrer Unterstützung bietet die Technische Analyse einige »vorgefertigte« Hilfen an, die Indikatoren. Indikatoren sind programmierte Algorithmen, die unterschiedliche Berechnungen mit der vergangenen Kursentwicklung durchführen und Ihnen (grafische) Hinweise zur Interpretation möglicher Ein- und Ausstiege liefern. In diesem Buch werden Sie die populärsten und wichtigsten Indikatoren kennenlernen.

Ein Indikator ist also eine Berechnung, die im Chart Ereignisse visualisiert. Indikatoren versuchen zum Beispiel, Trends, Trendstärke und Umkehrpunkte zu berechnen.

Machen Sie sich aber auch hier bewusst: Kein Indikator dieser Welt kann Ihnen die Zukunft voraussagen. Trader, die sich nur auf Signale von Indikatoren verlassen, sind keine Trader, sondern schnell pleite. Sie wissen bereits, dass nur die Kombination aus Erfahrung und technischen Hilfsmitteln wie Mustererkennung und Indikatorenberechnung sinnvoll und aussagekräftig ist. Indikatoren können fünf oder mehr Marktzustände feststellen. Die wichtigsten sind:

► Beginn eines Trends
► Stärke eines Trends
► Korrekturen innerhalb eines Trends
► Das Ende eines Trends
► Seitwärtsphasen

Jeder Indikator funktioniert nur in »seiner« optimalen Marktphase. Vereinfacht gesagt bedeutet das, dass Trendindikatoren in Seitwärtsphasen eher Fehlsignale liefern und umgekehrt.

In diesem Buch werden Sie die wichtigsten Indikatoren kennenlernen.

Gleitende Durchschnitte (Moving Averages = MA)

Gleitende Durchschnitte zeigen Ihnen schnell und einfach die Trendrichtung an. Eine geglättete Linie zeigt Ihnen, ohne das Marktrauschen zu berücksichtigen, den dominanten Trend an. Für die Berechnung des gleitenden Durchschnitts werden typischerweise mindestens 15-20 Zeitperioden einbezogen, also die letzten 15-20 Kerzen. Idealerweise finden in der technischen Analyse jeweils zwei gleitende Durchschnitte Verwendung: ein »schneller« (wenig Zeitperioden) und ein »träger« (viele, mindestens doppelt so viele Zeitperioden). Schneidet die kurzfristige Durchschnittslinie die langfristige, zeigt dieser Schnittpunkt häufig den Beginn oder das Ende einer Trendbewegung an. Ein Beispiel findet sich auch hier wieder im Tageschart der Apple Inc.-Aktie (AAPL).

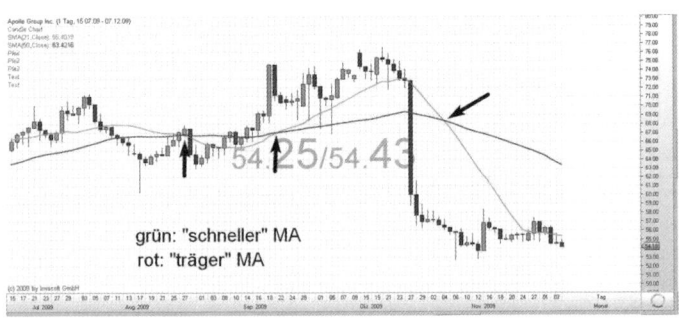

Abb.29: Gleitende Durchschnitte

Die Schnittpunkte der gleitenden Durchschnitte (grün: 21 Perioden, rot: 50 Perioden) signalisieren jeweils ein kurzfristiges Ende der vorhergehenden Kursbewegung. Der Nachteil dieser Indikatoren ist ihre Trägheit. Häufig signalisieren sie viel zu spät den Einstieg. Trotzdem lässt sich so schnell eine Übersicht über das aktuelle Kursgeschehen erzielen!

Relative Stärke Index – RSI

Sicherlich erinnern Sie sich an die turbulenten Zeiten an den Märkten im Herbst/Winter 2008. Die Aktienmärkte vollzogen fast täglich scharfe Bewegungen, teilweise im zweistelligen Prozentbereich. Als dann Anfang 2009 die meisten Aktien einen Boden bildeten, waren die meisten Anleger so verunsichert, dass sie die nachfolgende Hausse (Phase steigender Kurse) schlichtweg verpasst haben. Ein Börsensprichwort lautet: »Buy when there is blood in the streets«. Übertragen bedeutet das, dass Sie die besten Einstiegskurse finden, wenn die Panik am größten ist. Mit dem RSI – dem Relative-Stärke-Index – haben Sie einen Indikator in Ihrer Werkzeugkiste, der Ihnen anzeigen kann, wann ein Wert überverkauft und überkauft ist, also Zustände der Euphorie oder der maximalen Panik widerspiegelt. Im Grunde zeigt der RSI-Indikator an, ob die durchschnittliche Aufwärtsbewegung größer ist als die durchschnittliche Abwärtsbewegung einer definierten Zeitperiode (meist 14) und umgekehrt? Werte zwischen 20 und 80 sind »Normalwerte«, Werte über diesen Grenzen zeigen extreme Preisbereiche an: überkauft (größer 80) und überverkauft (kleiner 20). An diesen Preisbereichen können Sie im Chart zum Beispiel nach Umkehrsignalen suchen.

Nachfolgend ein Chart der Apple-Aktie mit eingezeichnetem RSI.

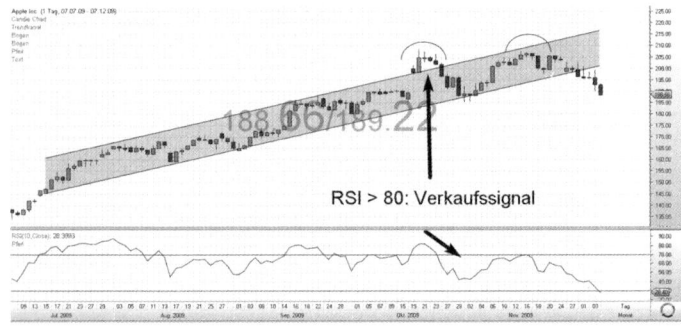

Abb.30: Verkaufssignale im RSI

Nach »überhitzten« Kursanstiegen innerhalb des Aufwärtstrendkanals wurden im RSI Werte von über 80 erreicht. Nach einem Fehlausbruch auf ein neues Jahreshoch folgte eine mehrtägige Korrektur. Ist Ihnen der Doji am höchsten Punkt dieser Kursbewegung aufgefallen? Kombinieren Sie Charttechnik und Indikatoren, um möglichst aussagekräftige Signale zu ermitteln.

Volumen

Das Volumen ist einer der wichtigsten Indikatoren in der Technischen Analyse. Das Volumen drückt die Anzahl der Aktien aus, die in einer bestimmten Zeitperiode gehandelt wurden. Es signalisiert die Validität einer Preisbewegung: Kommt es zu einer Kursbewegung, die bei hohem Volumen oder einem signifikanten Volumenanstieg stattfindet, zieht der Basiswert häufig die Aufmerksamkeit anderer Trader auf sich. Im umgekehrten Fall ist es so, dass auffällige Preisbewegungen bei niedrigem Volumen häufig Fehlsignale darstellen. Diese Fehlsignale können Sie nutzen, um entsprechend mit einer Gegenposition zu antworten.

Fazit

Sie haben nun die Grundzüge der Indikatorenlehre kennengelernt. Dieses Feld der Technischen Analyse stellt eine eigene Wissenschaft dar: Es gibt unzählige Indikatoren, die oft auf das Handelssystem derjenigen zugeschnitten wurden, die den Indikator entwickelt haben. Es würde den Rahmen dieses Buches sprengen, auf alle Indikatoren einzugehen. Wichtig für Sie als Trader ist es, zu wissen, dass es im Grunde nur zwei Indikatortypen gibt: Indikatoren, die Trends erfassen, und Oszillatoren, die Signale in Seitwärtsphasen errechnen können. Ein häufiger Anfängerfehler ist, technischen Indikatoren zu viel Bedeutung beizumessen und sich auf Signale eines einzelnen Indikators zu verlassen. Verlieren Sie nie das Gesamtbild aus dem Blick!

Zusammenfassung

»Chartanalyse ist eine Kunst, keine Wissenschaft«, sagte schon William Jiler (Technischer Analyst und Autor). Wie schon eingangs erwähnt, bietet Ihnen die Technische Analyse mächtige Werkzeuge für Ihre Meinungsbildung bezüglich der Preisentwicklung einer Aktie. Sie werden allerdings feststellen, dass Sie, je mehr Sie an Wissen und Erfahrung dazugewinnen, eigentlich nichts wissen.

An der Börse ist nichts eindeutig berechenbar. Plötzliche Preisbewegungen, ausgelöst durch externe Faktoren, wie Kriege, politische Entscheidungen, Terrorattacken, kann niemand vorhersehen. Diese Einflussfaktoren spiegeln sich im Chartbild wider und es kann Sie kalt erwischen, wenn Sie nicht die Grundsätze des Risiko- und Money Managements verstanden haben!

Charts können Ihnen keine Gewinne garantieren, vielmehr geben Sie Ihnen die Möglichkeit, herauszufinden, wann es sinnvoll ist, einen Wert zu kaufen oder zu verkaufen, indem Sie das Prinzip von Trendlinien, Unterstützung und Widerstand mit Indikatoren kombinieren. Am wichtigsten aber ist: Charts zeichnen ein klares Bild der vergangenen Kurshistorie. Charts sind die Biografien der Aktien.

Wenden Sie das Gelernte an. Üben Sie und schärfen Sie Ihren Blick. Nur wenn Sie kontinuierlich an Ihren Fähigkeiten arbeiten, werden Sie langfristig erfolgreich an den Börsen agieren können.

Fundamental Analysis – the Big Picture

Wir zeigen Ihnen, was Sie wissen müssen, um den fundamentalen Status einer Aktie oder des Gesamtmarktes zu analysieren. Diese Informationen sind essenziell, damit Sie Ihr Trading den aktuellen Marktphasen anpassen können. Täglich hören Sie über Rezession und Inflation. Jeder weiß, beides kann schlechte Nachrichten für die Weltwirtschaft bedeuten.

Egal was Analysten und Gurus behaupten: Die Wirtschaft pendelt zyklisch zwischen Phasen des Wachstums und der Rezession. Diese gilt es zu erkennen und im Hinterkopf zu haben. Die Regierungen haben durch ihre Fiskalpolitik Einfluss auf Inflation und Rezession, aber die Wirtschaftszyklen können auch sie nicht beeinflussen. Der Markt und vor allem seine Teilnehmer – also Sie als Trader oder Investor – versuchen, diese Marktzyklen zu antizipieren. Dieses Kapitel soll Ihnen dabei helfen, die Marktphasen zu erkennen, denn an den Wendepunkten der Marktzyklen lauern oft große Chancen für Sie!

Auch wenn Sie kurzfristiger arbeiten, kann es sich für Sie lohnen, die Zyklen im Hinterkopf zu haben. Sie sollten immer das Big Picture, also das Gesamtbild, im Kopf behalten. Dazu verwenden Sie am besten den soge-nannten Bottom Up-Ansatz. Sie hangeln sich von dem übergeordneten Bild auf einen selektiv gewählten Trade vor. Zuerst betrachten Sie die Gesamtwirtschaft, dann die Wirtschaft im eigenen Land, dann den Gesamtmarkt bis hin zum Einzeltitel. Folgende Grafik illustriert das Verfahren:

Abb.31: Bottom Up-Analyse

Das Zyklusmodell

Wie Ihr Leben, so ändert sich auch der Markt in verschie-denen Phasen. Es ist fast wie die Jahreszeiten – Winter, Frühjahr, Sommer und Herbst. Märkte brechen zusam-men, erholen sich, laufen verrückt nach oben und korri-gieren anschließend. Seit es die Börse gibt, war das immer so. In der Regel ist es unmöglich, genau den Boden oder die Spitze zu erwischen, aber Sie können sich schon einen Marktvorteil holen, wenn Sie die richtigen Phasen ungefähr im Hinterkopf haben und danach handeln.

Die vier Phasen an der Börse sind:

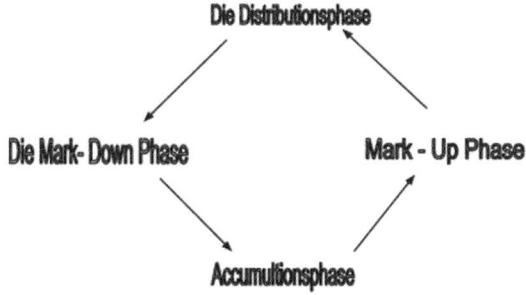

Abb.32: Die vier Börsenphasen

Die Akkumulationsphase

Nach dem Fallen der Märkte beginnen schlaue, erfahrene Trader und Value-Investoren zu kaufen. Das Sentiment ist noch immer bearish (negativ, auf fallende Kurse) und die meisten Privatanleger haben es aufgegeben, Long zu gehen, weil sie sich zu oft die Finger verbrannt haben. Es beginnt ein Bullenmarkt, das Sentiment wird neutral.

Die Mark–Up-Phase

Der Markt beginnt, sich aufwärts zu entwickeln. Die klugen Trader steigen weiter in den Markt ein. Die Medien beginnen zu berichten, dass das Schlimmste vorbei ist, die Arbeitslosigkeit jedoch noch weiter steigt. Das Marktvolumen nimmt ab ebenso wie die Volatilität an den Märkten. Immer mehr Privatanleger springen nun auf den Zug auf.

Die Distributionsphase

Verkäufer beginnen, den Markt zu dominieren. Das Geld kommt jetzt nicht in erster Linie von den erfahrenen Marktteilnehmern, sondern von der Masse der Anleger. Die Kurse bleiben in dieser Phase oft über Wochen oder sogar Monate in einer Spannbreite. Umkehrformationen sind häufiger zu sehen als Breakouts.

Die Mark-Down-Phase

Diese Phase ist für die meisten am schmerzlichsten, da in ihr Buchgewinne, die oft über einen sehr langen Zeitraum angesammelt wurden, in kurzer Zeit abgegeben werden. Die Kurse fallen schneller, als sie steigen, weil die Angst der Menschen stärker ist als die Gier, Geld zu verdienen. Viele geben hier auf und halten an Verliererwerten fest. Der Bärenmarkt ist da.

Fundamentalanalyse

Die Fundamentalanalyse versucht, einen angemessenen Preis der Wertpapiere (den »inneren Wert«) zu ermitteln. Im Gegensatz zur technischen Analyse basiert sie nicht auf einer Betrachtung von Kursen, sondern auf betriebswirtschaftlichen Daten und dem ökonomischen Umfeld eines Unternehmens, den sogenannten Fundamentaldaten. Das Ergebnis einer Fundamentalanalyse ist oft die Nennung eines Kursziels und die Abgabe einer Kauf- oder Verkaufsempfehlung. Trader nutzen diese Methode häufig, um unterbewertete Unternehmen oder die Marktführer zu kaufen, die technische Analyse steht jedoch oft über der fundamentalen. Fundamentale Analyse ist für einen übergeordneten Zeithorizont sinnvoll.

Diese Analyse basiert auf Methoden der Bilanzanalyse sowie auf einer Reihe von Verhältniszahlen wie Renditekennzahlen und dem Kurs-Gewinn-Verhältnis. Als Ergebnis erhält man aus der Fundamentalanalyse zum Beispiel Hinweise auf unterbewertete Unternehmen oder Rohstoffe.

Wenn Sie beispielsweise nur ein paar wenige, ausschlaggebende Unternehmenskennzahlen betrachten, können Sie schnell einen Überblick über die Gesundheit des Unternehmens bekommen.

Es gibt viele verschiedene Kennzahlen, und der Rahmen dieses Buches lässt es nicht zu, auf Details einzugehen, deswegen nachfolgend nur ein kleiner Auszug aus der Welt der Unternehmenskennzahlen:

Kurs-Gewinn-Verhältnis (KGV)

Das Kurs-Gewinn-Verhältnis (KGV) (engl: PER = Price-Earnings-Ratio) ist die bekannteste Kennzahl der Fundamentalanalyse. Man erhält das KGV, indem man den aktuellen Kurs durch den erwarteten Unternehmensgewinn je Aktie dividiert. Eine Aktie mit vergleichsweise geringem KGV gilt beispielsweise als eher günstig.

Kurs-Cashflow-Verhältnis

Das Kurs-Cashflow-Verhältnis (KCV) erhält man, wenn man den aktuellen Kurs einer Aktie durch den Cashflow je Aktie dividiert. In der Gewinn- und Verlustrechnung (also der Rechnung, die zeigt, ob ein Unternehmen Gewinne oder Verluste macht) eines Unternehmens sind viele verschiedene Posten wie Rückstellungen oder Abschreibungen enthalten, die das Ergebnis verfälschen können. Der Cashflow zeigt uns die Zahlungsströme im Unternehmen. Das KCV gibt an, wie der Kurs eines Unternehmens in Bezug zu seiner Liquidität steht, also wie viel Geld das Unternehmen hat, im Vergleich dazu, wie viel es kostet.

Der Return on Investment Capital

Der ROIC zeigt uns, wie viel Gewinn das Unternehmen im Vergleich zum Gesamtkapital erwirtschaftet. Je mehr, desto besser! So sieht die dazugehörige Formel aus:

$$\text{ROI} = \frac{\text{Gewinn}}{\text{Gesamtkapital}}$$

Abb.34:

Sentiment-Analyse

Die Sentiment-Analyse ist eine Art Stimmungsindikator der Börsen. Es gilt antizyklisch zu denken. Die Mehrzahl der Investoren befindet sich sozusagen in der Regel auf der falschen Seite und verliert deshalb auf lange Sicht immer ihr Kapital. Es steht nicht die Angebots-Nachfrage-Situation im Vordergrund, sondern die allgemeine Stimmung der Marktteilnehmer.

Die Sentiment-Analyse wird nur bei Trendwechselbestimmungen eingesetzt. Eine konträre Marktbestimmungsstrategie funktioniert nur in Phasen einer Trendwende von oben nach unten oder umgekehrt. 2008/2009 hat diese Strategie wunderbar funktioniert. Alle Medien waren voll von »Rezession, Finanzwelt geht unter, Ergebnisse schlechter als erwartet« und vielem mehr. Allein das war ein Zeichen, dass ein zumindest kurzfristiger Boden nahe ist. In der Mitte eines Trends funktioniert die Sentiment-Analyse nicht. Es wird nie eine Strategie für alle Märkte zu jeder Zeit funktionieren. Sie müssen sich dem Marktverhalten anpassen, um konstant profitabel zu arbeiten. Ein Beispiel eines Sentiment-Indikators wäre der Vergleich zwischen Aktienkursverlauf und Dividendenrendite. Sind die Kurse weit gefallen und die Dividendenrendite ist noch ziemlich hoch, ist das als Zeichen einer Aufwärtstendenz zu werten. In der Dotcom-Blase im Jahr 2000 war das Gegenteil zu beobachten: Technologieaktien stiegen weiter und weiter, obwohl die Dividenden immer geringer wurden. Dies war als Zeichen einer Abwärtstendenz zu werten und wie allgemein bekannt ist, stürzten diese Aktien nach dieser Hausse stark ab.

Fazit: Der Boden ist oft nahe, wenn Leute wegen ihrer Aktienportfolios »dem Schlaganfall nahe« sind und wenn die Aussichten für die Wirtschaft in den düstersten Farben dargestellt werden. Diese Situationen können Sie auch gut mit CFD-Trading ausnutzen, indem Sie sich nach der technischen Analyse gepaart mit der Sentiment–Analyse auf der entsprechenden Seite des Marktes platzieren.

Sir John Templeton, ein Multimilliardär, wusste das schon seit Jahrzehnten, und er pflegte immer zu sagen, dass die besten Kaufgelegenheiten »am Punkt des größten Pessimismus« gefunden werden könnten. Er hat damit schon öfter ein Vermögen verdient.

Um ein aktuelles Beispiel zu geben: Im Frühjahr 2009, als sich zumindest vorübergehend an den Märkten ein Boden bildete, war in den Medien häufig zu lesen: »Wir

befinden uns im sechsten Quartal mit Konjunkturrück-
gang in Folge. Das ist der längste Wirtschaftsabschwung
seit der Weltwirtschaftskrise.«
»Die Arbeitslosigkeit befindet sich auf einem 26-Jahres-
Hoch und wir verlieren 500.000 Arbeitsplätze pro Mo-
nat.«
»Investitionen erfolgen kaum.«
»Privater Konsum ist sehr dramatisch gesunken.«
»Kredite schwer zu bekommen.«
»Die Hauspreise fallen weiter.«
»Die Unternehmensgewinne sind schlecht.«

Es klingt paradox, aber dieser Pessimismus bezüglich
der Aussichten für Wirtschaft und Investments ist für
Sie als CFD-Trader ein guter Freund als Indikator, wo
die Märkte hingehen könnten.

Putting it all together – die eigene Tradingstrategie entwickeln

»Grau, treuer Freund, ist alle Theorie«
Johann Wolfgang von Goethe

Aus Erfahrung wissen wir, dass gerade viele Anfänger nach der Lektüre eines Tradingbuches mit vielen Fragen zurückbleiben. Wenn es um die Umsetzung des gelernten Stoffes geht, unterscheiden sich Theorie und Praxis deutlich voneinander. Mir liegt sehr daran, dass Sie Ihre ersten Erfahungen nicht direkt am Markt machen und so teures Lehrgeld bezahlen, sondern erst einmal »Trockenübungen« machen, um Sicherheit und Verständnis für das Trading zu erlangen.

Nehmen Sie sich die Zeit, ein Demo-Konto, zum Beispiel bei der FXdirekt Bank, zu eröffnen, und entwickeln und testen Sie Ihr Tradingsystem eingehend, bevor Sie Ihr hart verdientes Geld am Markt riskieren!

Dieses letzte Kapitel soll Ihnen konkrete Hilfestellung bieten, indem es die Schritte eines Beispielsystems von der Entwicklung bis zum realen Einsatz verfolgt.

Lassen Sie uns nun das gelernte Wissen anwenden und ein eigenes Tradingsystem entwickeln!

Allgemein gesagt ist ein Tradingsystem schlicht eine Sammlung von technischen und oft auch fundamentalen Hilfsmitteln (Charts, Kursbewegungen, Mustererkennung, fundamentale Kennzahlen), die Kauf- und Verkaufssignale generiert. In vielen Fällen basieren Tradingsysteme auf häufig genutzten Indikatoren, Oszillatoren und gleitenden Durchschnitten. Das Zusammenwirken dieser Indikatoren in Verbindung mit Regeln der Technischen Analyse stellt oft den Grundbaustein für eine Vielzahl von Handelssystemen dar. Fast jeder moderne Broker bietet Ihnen die Möglichkeit, diese Bausteine für Ihr Handelssystem unkompliziert auf der Handelsplattform zu nutzen.

Neben technischen Aspekten gilt es bei der Entwicklung einer Tradingroutine auch zu klären, welche Ziele Sie mit dem Trading verfolgen und wie groß Ihre Risikokapitaldecke ist.

Wenn Ihre Ziele und Vorstellungen und Ihre Kapitaldecke nicht zueinander passen, ist jedes Handelssystem bereits vor seiner Geburt zum Scheitern verurteilt!

Beispiel: Sie haben 5000 € Risikokapital und setzen sich das Ziel, monatlich 10 Prozent zu verdienen (500 €), dann landen Sie bei weit über 100 Prozent pro Jahr – was selbst Warren Buffett nicht einmal ansatzweise schafft. Sicherlich hören Sie immer wieder, dass der eine oder andere Trader mehrere 100 Prozent – 1000 Prozent pro Jahr einstecken kann. Glauben Sie mir – kein Handelssystem der Welt schafft es, diese Performance mit einem Startkapital von 5000 € in Verbindung mit einem ernsthaften Money- und Risikomanagement zu erzielen. Es gibt zu viele Variablen, die sich auf der Kostenseite auswirken!

Merken Sie sich: Schaffen Sie nur 30 Prozent im Jahr, gehören Sie bereits zu den Top-Tradern!

Bevor Sie nun also loslegen, klären Sie für sich folgende Ziele:

► Wieviel Kapital kann ich für das Trading einsetzen?
► Bin ich mir bewusst, dass dieses Risikokapital keine existenzielle Bedeutung für mich hat?
► Welches (Performance-)Ziel habe ich konkret? 2 Prozent, 5 Prozent, 100 Prozent pro Monat?
► Wieviel Zeit kann ich dem Trading täglich widmen?

Wichtig ist, dass Sie sich im Klaren sind, dass das Risikokapital immer einem Totalverlustrisiko ausgesetzt ist! Wenn Sie gleich von Anfang an Ihr noch nicht erzieltes Tradingeinkommen verplanen, setzen Sie sich einem Druck aus, der Ihr Trading massiv negativ beeinflussen wird!

Sie sollten also ernsthaft realisieren, dass Trading ein Spiel auf lange Sicht ist – keines, das Sie schnell und einfach reich machen wird. Die Zeiten dieser Glaubenssätze sind vorbei und haben viele Leute in der Finanzkrise in den Ruin gestürzt! Seien Sie also vorbereitet.

Beispiel für eine gelungene Zielsetzung:

► 5000 € Startkapital.
► Instrumente: Aktien-CFDs.
► Zeitaufwand: 1 Stunde täglich.
► Tradingstil: Swing-Trader (mehr lässt der Zeitaufwand nicht zu).
► Performance-Ziel: 0,5 Prozent/Woche (25 – 50 € netto = maximal 200 €/Monat).
► Ansatz: Trendfolgend.

Diese Zielsetzung klingt realistisch und beinhaltet gleichzeitig konkrete Zahlen, die Sie jede Woche messbar und vergleichbar machen können.

Haben Sie Ihre Ziele klar definiert? Sollten Sie für sich diese Voraussetzungen erfüllen, dann können Sie sich daran machen, wie Sie diese 0,5–1 Prozent Performance pro Woche erreichen wollen. Der Schlüssel zum Erfolg ist hierbei Ihr Handelssystem – es muss zu Ihren Zielen, aber auch zu Ihrer Persönlichkeit passen. In der einschlägigen Tradingliteratur findet sich diese Terminologie immer wieder. Was ist eigentlich damit gemeint? Was passt zu mir?

Beim Trading gibt es verschiedenste Möglichkeiten, einen Stil umzusetzen.

Fahren Sie gerne Auto? Wenn ja, fahren Sie gerne schnell oder langsam? Oder fahren Sie gar Autorennen?

Sicherlich fahren Sie am häufigsten den Stil, der Ihnen am besten liegt – mal davon abgesehen, dass wir an vielen Stellen in Deutschland ein Tempolimit haben. Achtung: Beim Trading gibt es übrigens keines!

Es wird Ihnen und Ihrer Sicherheit wenig nutzen, wenn Sie gewohnt sind, moderate Geschwindigkeiten zu fahren und Sie plötzlich auf eine Formel 1-Strecke geschickt werden. Sie werden sich sicherlich höchst unwohl fühlen und sehr wahrscheinlich zügig verunfallen. Die gute Nachricht ist: Niemand zwingt Sie, Autorennen zu fahren. Genauso ist es beim Trading. Wählen Sie ein langsameres Tempo (Handelsstil) und Sie kommen trotzdem am Ziel an. Die zweite gute Nachricht: Beim Trading entscheidet nicht die Geschwindigkeit über den Erfolg. Auch mit »langsamen« Systemen schaffen Sie es, erfolgreich an dem Ziel anzukommen, das Sie vorher für sich bestimmt haben. Es liegt also vollkommen in Ihrer Hand! Spannend, oder?!

Machen Sie daher niemals den Fehler und kaufen oder folgen Sie blind einem (teuren) Tradingsystem. Es ist nicht auf Sie abgestimmt. Sie kennen nicht seine Feinheiten. Diese Tatsache führt fast immer zum Verlust Ihres Risikokapitals!

Tradingsysteme verstehen

Obwohl sich Tradingsysteme in vielerlei Hinsicht unterscheiden, macht es Sinn, einen gemeinsamen »Nenner« zu finden, denn alle Handelssysteme haben besondere Charakteristiken.

Die erste Charakteristik bezieht sich auf die Interaktion zwischen Trader und Handelssystem. Es gibt folgende Möglichkeiten:

- ► Diskretionäre Handelssysteme: Das System generiert ein Handelssignal, basierend auf Ihren Variablen. Die Umsetzung liegt in Ihrer Hand.
- ► Automatisierte Handelssysteme: Das System ist computerbasiert. Der Rechner trifft die Handelsentscheidung nach Ihren Vorgaben und führt die Trades selbsttätig aus. Der Vorteil des Computerhandels ist, dass Emotionen und damit Tradingfehler weitestgehend ausgeschaltet werden.

Dann gibt es noch eine zweite Unterscheidungsmöglichkeit, wie das Tradingsystem mit Trends umgeht:

- ► Trendfolgend: Ein- und Ausstiege werden in bereits bestehenden Trends gefunden.
- ► Gegentrend (Antitrend-System): Trades werden hier an Wendepunkten gegen die Trendrichtung eingegangen.

Jedes Tradingsystem hat seine Vor- und Nachteile und ist nur in bestimmten Marktphasen dem jeweils anderen System überlegen. Als Trader sollten Sie langfristig mehrere Systeme zu nutzen wissen, um für verschiedene Marktphasen bestmöglich aufgestellt zu sein! Seien Sie sich immer bewusst, dass jedes System Verluste produziert und kein System »perfekt« ist. Systemschwächen und -stärken sollten Sie kennen und nutzen lernen.

Für das CFD-Trading sind Trendfolgesysteme mächtige Schlachtpläne! Durch den großen Hebeleffekt können Sie gerade nach einem Börsenkrach oder Bodenbildungsphasen große Positionen aufbauen. Haben Sie noch etwas Glück dazu, dann schaffen Sie es gegebenenfalls, mit einer einzigen CFD-Position ein 5000 €-Konto zu verhundertfachen! Ein gutes Beispiel liefert wieder einmal die Apple-Aktie.

So erstellen Sie sich ein einfaches Trendfolgesystem

Trendfolgesysteme werden von vielen Tradern bevorzugt. Das wichtigste Argument lautet in fast allen Fällen: Trends liefern die besten Gewinnchancen. Schaffen Sie es einmal, einen Trend diszipliniert zu traden, stellen sich teilweise wochen- und monatelang Gewinne ein! Trend-Trading gehört aufgrund emotionaler Fallstricke allerdings zu den am schwersten umzusetzenden Strategien. Grundsätzlich braucht ein Trendfolgesystem nur eine Voraussetzung: einen Trend, also einen kontinuierlich in eine Richtung laufenden Markt. Durch den CFD-Handel ist es Ihnen möglich, sowohl von steigenden als auch von fallenden Kursen zu profitieren. Auch der Zeitaufwand für Trendfolgesysteme hält sich in über-

Abb.35: AAPL Trendfolge am AAPL-Wochenchart

schaubaren Grenzen. Aus diesem Grund verfolgen Tradingeinsteiger häufig einfache Trendfolgestrategien.

In diesem Chart der Apple-Aktie (AAPL) sehen Sie einen von März 2009 – Dezember 2009 anhaltenden Aufwärtstrend. Nach dem Ausbruch im März, der sechs Monate steigende Kurse zur Folge hatte, konnten rund 110 $ Kursbewegung verbucht werden, von denen Sie mit einem einfachen Trend-Tradingsystem hätten profitieren können.

So machen Sie Trends ausfindig

Trendfolgesysteme basieren meist auf einfachen Indikatoren, den gleitenden Durchschnitten, einem »schnellen« und einem »langsamen« gleitenden Durchschnitt. Ihre Handelsplattform bietet Ihnen die Möglichkeit, diese Indikatoren in den Chart einzuzeichnen. Solange die gleitenden Durchschnitte eine konstante Richtung auf einer großen Zeitebene (Tages-, Wochenchart) anzeigen, können Sie davon ausgehen, dass ein Trend vorliegt. Hier der Apple-Chart mit gleitenden Durchschnitten:

Als gleitender Durchschnitt wird der »Simple Moving Average (SMA)« mit 21 Perioden (schnell) und 50 Perioden (langsam) verwendet. Das Einstiegssignal für diesen Trade findet sich, sobald der kurze (rot) den langsamen (schwarz) SMA schneidet und anschließend steigende Kurse zu verzeichnen sind. Im Kursverlauf lässt sich ein Trendkanal einzeichnen und Sie können zusätzlich erkennen, dass während der gesamten Trenddauer die Kurse immer oberhalb des schwarzen SMA notieren. Solange es keine erneuten Schnittpunkte gibt und Sie in Kombination mit dem Trendkanal gültige Trendkriterien

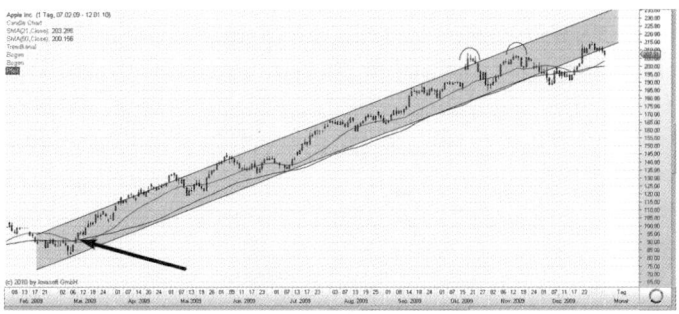

Abb. 35.1: AAPL-Tageschart mit SMA Indikation

(höhere Hochs, damit verbundenes »Kaufen der Korrekturen«) erfüllt sehen, bleibt der Trade offen. Denken Sie immer an den Merkspruch: »The trend is your friend«.

Was benötigen Sie für ein Trendfolgesystem?

▶ Einen Trend auf einer übergeordneten Zeitebene (Tages-, Wochenchart)
▶ Einen schnellen und einen langsamen Moving Average (21er und mindestens einen 50er SMA auf dem Tageschart) als Trendindikator
▶ Einen Trendkanal für die Stop-Setzung: Stops setzen Sie außerhalb des Trendkanals. Sobald der Trendkanal verletzt wird, ist die Wahrscheinlichkeit einer Trendwende oder Trendpause groß und Sie werden automatisch aus dem Markt genommen.

Machen Sie sich bewusst, dass ein Trend vorliegen muss, damit Sie Trendfolgesysteme erfolgreich handeln können. Die meiste Zeit werden die Märkte nicht in Trends verlaufen, daher wird ein Trendfolgesystem die meiste Zeit Fehlsignale produzieren und Sie ausstoppen. Daher ist gutes Money- und Riskmanagement von besonderer Bedeutung!

Der Erwartungswert

Leider ist aber auch der klügste Entry keine Garantie, dass ein Trade aufgeht. Da die Wahrscheinlichkeit für +1 Prozent gegenüber -1 Prozent aus statistischer Sicht bei ca. 50:50 oder eher darunter liegt, müssen Sie sich als Trader etwas anderes einfallen lassen, um an den Märkten Geld zu verdienen. Vor allem die Gebühren und die Slippage sind noch in diese Rechnung aufzunehmen, denn beides geht zusätzlich zu Ihren Lasten.

Zu diesem Zeitpunkt kommt die alte Börsenweisheit »Gewinne laufen lassen, Verluste begrenzen« ins Spiel. Obwohl es aus emotionaler Sicht sehr schwer ist, sich an diese Empfehlung zu halten, ist es der einzige Weg, mit dem Trading Geld zu verdienen. Überträgt man den Ratschlag in den Sprachgebrauch eines Traders, kommt man auf die Bezeichnungen »positiver Erwartungswert« und/oder »Profitfaktor«.

Stellen wir uns vor, 100 Trades vor uns zu haben. Nehmen wir weiter an, dabei stehen circa 50 Verluste und 50 Gewinne an. Diese Verteilung ist durchaus realistisch, hängt aber vor allem von Ihrer Stop-Setzungsstrategie ab. Um Geld zu verdienen, müssen wir daher darauf achten, bei den 50 Gewinnen mehr Geld zu verdienen, als uns die 50 Verluste kosten. Diese 100 Trades kann man auch als Mindestgröße dafür heranziehen, ob ein Trader mit einem System scheitert oder nicht, denn je mehr Häufigkeiten eines Zufallereignisses ausgewertet werden, desto weiter nähert sich das Ergebnis an die tatsächliche Wahrscheinlichkeit an (Gesetz der großen Zahl).

Um zu messen, wie gut oder schlecht ein Tradingsystem abschneidet, verwendet man den Profitfaktor. Dieser Faktor stellt nichts anderes als den Erwartungswert eines Tradingsystems dar. Liegt er über 1, arbeitet ein Trader erfolgreich. Ist der Faktor kleiner als 1, verdient das System kein Geld, und der Trader muss Anpassungen vornehmen. Vertiefen wir diesen Gedanken:

Trader A hat 100 Trades hinter sich. Seine Verluste betragen kumuliert 6.500 Euro. Addiert er seine Gewinne, ergeben diese 7.525 Euro. Um den Profitfaktor zu bestimmen, ist nun noch folgender Rechenschritt notwendig: 7.525/6.500 = 1,16. (Anmerkung: Es gibt auch noch andere Rechenformeln, wie man diesen Faktor ermitteln kann. Wir verwenden hier nur diese einfachen Rechenschritte).

Der Profitfaktor von Trader A liegt daher über 1. Das bedeutet, sein System erwirtschaftet unter dem Strich Gewinne, weil seine durchschnittlichen Profite über seinen durchschnittlichen Verlusten liegen. Trader B hat bei 100 Handelsgeschäften insgesamt 8.250 Euro verloren und bei seinen Gewinnen 7.336 Euro verdient. Wenn er so weiter macht, wird er in kurzer Zeit kein Geld mehr haben. Sein Profitfaktor liegt bei 0,89 und er sollte daher dringend sein System verändern.

Ist Ihnen aufgefallen, dass wir bisher nicht davon gesprochen haben, wie oft ein Trader Recht hat? Es ist für ein Tradingsystem nicht wichtig, besonders viele Gewinn-Trades zu verbuchen. Lassen Sie sich daher von vielen Fehl-Trades nicht aus dem Konzept bringen. Achten Sie lieber darauf, Ihre Gewinne laufen zu lassen. Je häufiger Sie ausgestoppt werden, desto mehr müssen Sie die Trades, die in Ihre Richtung laufen, »in Ruhe lassen«. Diese Trades brauchen Sie, denn sie müssen die Gewinne erzielen, die das System profitabel machen.

Erfolgreiches Trading bedeutet nicht, dass Sie ständig richtig liegen müssen. Es bedeutet bloß, aus jeder Bewegung so viel wie möglich herauszuholen und im Gegenzug Verluste zu begrenzen. Gerade bei Trend-Trades ist das besonders wichtig, da Sie hier besonders häufig ausgestoppt werden! Gelingt Ihnen das, spielt die Trefferquote keine Rolle.

Stellen Sie sich die richtigen Fragen für Ihre Handelsroutine:

► Haben Sie ausreichend Risikokapital?
► Auf welchem Zeithorizont können Sie handeln?
► Welche Handelssystem-Grundform liegt Ihnen? (Trends, Breakouts, Countertrend)
► Wieviel Verluste generiert Ihr Handelssystem maximal? Halten Sie das aus? Welchen Erwartungswert hat Ihr Handelssystem in etwa?
► Haben Sie realistische finanzielle Ziele, die Sie mit Ihrem Handelssystem umsetzen wollen?

Wenn Sie diese Fragen für sich klären konnten und eine realistische Einschätzung Ihrer Ziele haben, notieren Sie diese Ziele in Ihrem Businessplan. Es macht keinen Sinn, Ihr Kapital innerhalb der nächsten Tage verdoppeln zu wollen. Realistisch sind 10-30 Prozent im Jahr zu erreichen! Behandeln Sie Ihr Trading wie ein Geschäft! Notieren Sie sich genau, was Sie mit wie viel Aufwand erzielen wollen und welche Schritte dafür notwendig sind.

Haben Sie bereits einen passenden Broker ausgewählt? Bietet er die Märkte an, die Sie handeln möchten?

Ist Ihr Konto kapitalisiert, können Sie loslegen. Aber Vorsicht: Sie sollten erst eine Weile Ihre Trades simulieren, um ein Gefühl dafür zu bekommen, wie Ihr Handelssystem funktioniert und ob Sie tatsächlich Ihre guten Vorsätze umsetzen können.

Wie können Sie Ihr Trendfolgesystem optimieren?

Der erste Schritt ist, Ihre Kauf- und Verkaufssignale weiter zu definieren:

Beispielhaft könnte das so aussehen:

- ► Morgen nach dem Öffnen des Marktes kaufen, wenn der heutige Kurs den 50 Tage SMA überschreitet und darüber schließt.
- ► Morgen nach Markteröffnung verkaufen, wenn der heutige Kurs den 50 Tage SMA unterschreitet und darunter schließt.

Es macht Sinn, diese Strategie auf mindestens die vergangenen zehn Jahre zu testen, um herauszufinden, ob Sie auf lange Frist profitabel agiert hätten. Verfolgen Sie also einmal die Kursdaten auf dem Wochen- oder Monatschart für die letzten fünf bis zehn Jahre und schreiben Sie sich Ihre Trades heraus. Addieren Sie Verluste und Gewinne. Bleiben Sie unterm Strich positiv, haben Sie ein für die Zukunft wahrscheinlich profitables Handelssystem!

Leider funktionieren Trendsysteme in Seitwärtsphasen nicht! Sie benötigen also auch eine Strategie, diese Seitwärtsphasen herauszufiltern, um nicht unnötig Geld zu verlieren, wenn die Märkte nicht trenden.

Ein Weg, Ihr System vor diesen potenziellen Verlusten zu schützen, ist das Einfügen weiterer Variablen:

► Der heutige Schlusskurs befindet sich über dem 50-Tage-SMA.
► In der letzten Handelswoche hat der Kurs bereits den 50-Tage-SMA gekreuzt.
► Der heutige 50-Tage-SMA ist größer als der 50-Tage-SMA von letzter Woche.

Diese zusätzlichen Variablen wirken als Signal-Bestätigung und verringern die Anzahl der »Whipsaw«–Verluste.

Wussten Sie, dass die meisten NASDAQ-Aktien gewonnen haben, wenn der NASDAQ-Index über seinem 50er-SMA notiert hat?

Day-Tradingsysteme verstehen

Sind Sie kurzfristiger orientiert, können Sie auf kleinen Zeitebenen (5–15 Minutenchart) ebenfalls versuchen von Mini-Trends zu profitieren. Day-Trading erfordert allerdings Ihre permanente Anwesenheit vor dem Handelsschirm. Day-Trading ist um ein Vielfaches schneller und zeitaufwändiger als Swing- (trendfolgendes) Trading. Hier eine Übersicht über den EUR/USD auf 5-Minutenbasis:

Abb.36: EUR/USD 5-Minuten-Chart-Break-out

Der Chart zeigt einen Ausschnitt aus der Handelsaktivität eines einzigen Tages. Sind Sie geduldig und warten auf einen Ausbruch aus der Tradingrange, hätten Sie gegen 00:43 in der Nacht von einer Short-Position profitieren können. Machen Sie sich bewusst, dass Day-Trading nicht in jeden Zeitplan passt. Zusätzlich wird beim Day-Trading Ihre Trade-Frequenz steigen, weil Sie in kürzerer Zeit mehr Signale bekommen werden. Das sollten Sie bei Ihrer Kostenrechnung berücksichtigen. Aus diesem Grund wird häufig der FX-Markt unter Day-Tradern bevorzugt. Sie zahlen meist keine Ordergebühren, der Markt hat 24 Stunden geöffnet und Sie können mehrere FX-Märkte gleichzeitig traden. So erhalten Sie innerhalb eines Handelstages eine Fülle von Signalen.

Beim Day-Trading finden dieselben Analyseregeln Anwendung wie beim Swing-Trading. Es hat sich jedoch gezeigt, dass die technische Analyse um so genauer wird, je länger der Zeithorizont ist. Beim Intraday-Handel werden Sie weitaus häufiger eine Position eingehen als beim Trend-Trading. Daher sollten Sie auf Ihr Positionsmanagement besonders Acht geben: Ein einziger Trade reicht aus, um Ihre Tages-Performance zu ruinieren.

Positionsmanagement

Was unterscheidet einen Profi-Trader von einem Amateur? Nun, die wohl wichtigste Eigenschaft eines Traders ist, Positionen zu managen. Wir alle können schnell auf den Kauf-Knopf klicken, doch der zweite Klick ist meist der entscheidendere: der Verkauf der Position.

Ich bin mir sicher, Sie könnten einige Aktien zufällig kaufen und hätten dann einige gewinnbringende und einige verlustbringende Trades in Ihrem Portfolio. Doch was machen Sie nun? Sie haben über Ihr Handelssystem einen Kandidaten für einen Trade gefunden und sind eine Position eingegangen. Nun liegt es an Ihnen: Aus Gewinnen können Verluste werden, aus Verlusten können Gewinne werden! Doch wann gewinnen Sie? Sollten Sie die Aktie einfach halten? Was tun Sie, wenn die Position erst einmal gegen Sie läuft? Behalten Sie die Nerven? Verkaufen Sie oder kaufen Sie vielleicht sogar nach?

Merken Sie sich folgende Regel:

Traden Sie immer den Chart – nicht Ihre Gewinn- oder Verlustanzeige! Am besten drehen Sie diese sogar ganz ab, sofern das möglich ist.

Was Profis von Anfängern unterscheidet, ist, dass sie den Chart traden und ihren Einsatz kennen. Wenn Sie Ihr gesamtes Depot traden, werden Sie früher oder später verlieren! Warum? Ihre Emotionen werden Ihnen einen Strich durch die Rechnung machen. Irgendwann ist Ihre Schmerzgrenze erreicht (absolute Verluste) oder Sie werden zu gierig bei Gewinnen und realisieren zu schnell Ihre Buchgewinne – ohne auf den Chart zu schauen!

Langfristiger Börsenerfolg ist paradoxerweise nur dann möglich, wenn Sie sich von Ihrem Geld gedanklich trennen! Abstrahieren Sie Ihren Kontostand. Arbeiten Sie mit Symbolen: Stellen Sie sich vor, Sie erklimmen einen Berg. Sie wandern stundenlang hinauf, nur um festzustellen, dass schlechtes Wetter Ihren Aufstieg behindert, ja Sie sogar absteigen müssen, um im Zwischenlager auszuharren, bis es wieder nach oben geht. Wohlwissend, dass Ihnen nichts passieren kann, weil Sie immer angeleint sind. Stürzen Sie, werden Sie sich verletzen – aber nicht sterben. Ihr Sicherungsseil wird Sie zuverlässig halten, wenn Sie vom Weg abkommen. Beim Trading ist Ihr Sicherungsseil der Stop.

Er wird Sie vor zu großen Verlusten schützen.

Wählen Sie also nur eine Struktur aus, die folgende drei Kriterien im Chart zur Deckung bringt:

▶ Sie sehen Potenzial, das größer scheint als Ihr Risiko.
▶ Sie haben die Möglichkeit, Ihren Stop charttechnisch sinnvoll zu setzen.
▶ Ihre Positionsgröße ist ausreichend, um alle anfallenden Kosten zu decken.

Nach diesen Kriterien sollten Sie Ihre Trades auswählen. Scannen Sie den Markt entweder mit einem Screener oder schauen Sie sich die Einzelwerte nacheinander an.

Empfehlenswert ist, eine Übersicht von ca. 10-20 Titeln charttechnisch auf drei Zeitebenen zu analysieren (Trendlinien einzeichnen, Unterstützung und Widerstand finden). Diese Charts sehen Sie regelmäßig durch und setzen an markanten Stellen Alarme. So werden Sie automatisch von Ihrem Broker entweder per E-Mail oder SMS benachrichtigt, sobald der Kurs dieses entsprechende Niveau erreicht hat. Nur dann sollten Sie aktiv werden. Lassen Sie den Markt auf sich zukommen – agieren Sie niemals aus einer Laune heraus.

Doch zurück zu unserer Position:

Es gibt zwei Möglichkeiten des Positionsmanagements:

1. Stop im Gewinnfall sofort nachziehen.
2. Stop erst nachziehen, sobald sich im Chart ein geeignetes Niveau dafür zeigt.

Beide Methoden haben ihre Vor- und Nachteile:

Ziehen Sie Ihren Stop zu schnell nach, berauben Sie sich gegebenenfalls potenzieller Gewinne, denn Sie können kurzfristig ausgestoppt werden und anschließend läuft der Kurs dahin, wo Sie ihn gerne mit Ihrer Position gesehen hätten. Leider sind Sie jetzt nicht mehr dabei. Ziehen Sie Ihren Stop zu langsam nach, haben Sie eine lange Zeit Ihr Risiko im Markt. Das kann auch bedeuten, dass Ihre angefallenen Buchgewinne wieder dahinschmelzen und Sie im Verlust ausgestoppt werden. Das tut besonders weh! Wie Sie sehen können, gibt es nicht die eine optimale Lösung! Sie müssen einen Weg finden, der Ihnen am besten passt. Sind Sie jemand, der Schmerzen aushalten kann, empfiehlt sich Variante 2. Brauchen Sie schnell Bestätigung, passt Variante 1 besser zu Ihnen.

Probieren Sie mehrere Möglichkeiten aus, um für sich herauszufinden, was Ihrer Persönlichkeit am meisten Freude und am wenigsten Schmerzen bereitet. Haben Sie Ihren Stil einmal gefunden, gilt es diesen ohne Ausnahme durchzusetzen. Nur wenn Sie konstant Ihr System handeln, können Sie eine aussagekräftige Statistik über die Profitabilität Ihrer Handelsstrategie erstellen.

Eines haben beide Möglichkeiten allerdings gemeinsam: den anfänglichen Stop.

Ihr Anfangs-Stop sollte konstant an Ihr Risiko angeglichen sein. Ob Sie auf dem 5-Minuten-Chart oder dem Tageschart traden – die Positionsgröße muss so gewählt werden, dass Sie mit beiden Positionen nicht mehr als Ihr relativ berechnetes Risiko verlieren können. Je länger der Zeithorizont wird, desto weniger Kontrakte können Sie kaufen und umgekehrt. Verlängern Sie also Ihren Zeithorizont um den Faktor zehn und damit gegebenenfalls den Stop-Abstand im Chartbild, dann müssen Sie die Positionsgröße um diesen Faktor anpassen.

Zur Übersicht sehen Sie hier drei verschiedene Zeithorizonte derselben Aktie:

Wochenchart

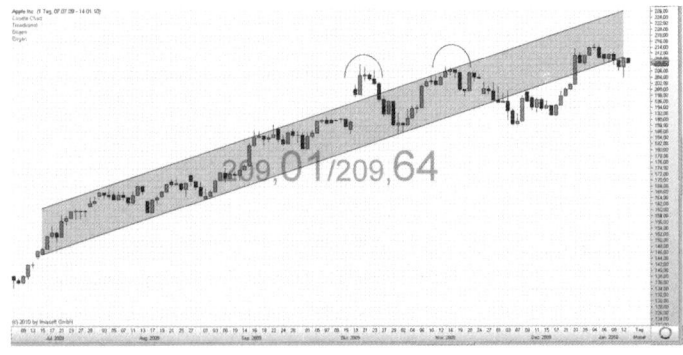

Tageschart

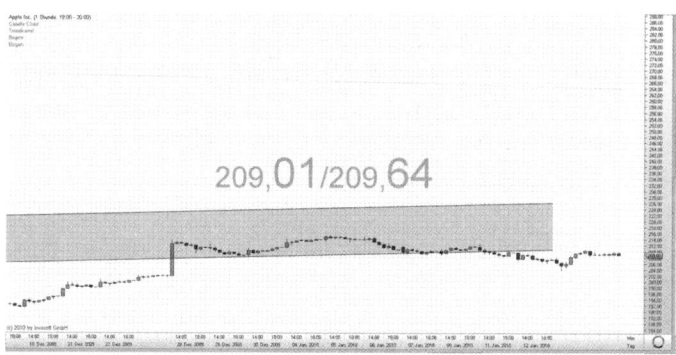

Stundenchart

Im Wochenchart erkennen Sie unschwer, dass der Trend bereits eine lange Zeit gelaufen ist. Die Wahrscheinlichkeit für ein baldiges Ende des Trends steigt hier mit jeder neuen Kerze. Wie Sie erkennen können, nimmt die Dynamik des Aufwärtstrends für die verschiedenen Zeithorizonte ab. Auf dem Stundenchart ist nunmehr nur noch eine Seitwärtsphase zu erkennen. Hier sollten Sie vorsichtiger werden und Long-Positionen nur nach höheren Hochs eingehen.

Setzen Sie sich Gewinnziele und sichern Sie Ihre Gewinne ab

Sobald eine Position für Sie läuft, gilt es Ihre Gewinne abzusichern. Befinden Sie sich in einem Trendmarkt, ziehen Sie nach festen Regeln Ihren Stop an charttechnisch sinnvollen Marken im Gewinn nach. Halten Sie dabei einen Mindestabstand ein, um nicht direkt aus dem Markt genommen zu werden, sobald es ein wenig gegen Sie läuft. Versuchen Sie vielmehr, Ihren Stop mit steigenden Kursen hinter sich her zu ziehen. Betreiben Sie dieses Spiel solange, bis der Kurs dreht. Mit einem so genannten Trailing-Stop sichern Sie sich einen Großteil Ihrer angefallenen Gewinne.

Alternativ können Sie auch überlegen, Ihre Position auszubauen, sobald Sie in einem Aufwärtstrend eine Phase fallender Kurse beobachten. Bei solchen »pullbacks« bieten sich im übergeordnet bullishen Chartbild unterwegs immer mal wieder günstige Einstiege.

Seien Sie sich bewusst, dass Sie als Trend-Trader bei langen Zeithorizonten wenig erfolgreiche Trades eingehen werden. Ein Großteil der Zeit trendet der Markt nicht. Umso wichtiger ist es, dass Sie mit Ihrem System kontinuierlich handeln und jedes Signal mit einem Trade bestätigen. Statistisch gesehen ist unter den vielen Verlustbringern dann ein Gewinnbringer, der alle angefallenen Verluste ausgleichen und Ihnen einen schönen Gewinn bescheren wird!

Damit Sie aus Ihren Trades auch etwas lernen, sollten Sie jedes Signal, nach dem Sie gehandelt haben, dokumentieren!

Das Tradingjournal

Dokumentieren Sie alle Ihre Trades, um aus Fehlern zu lernen! Je öfter Sie in Ihr Tradingtagebuch schauen, desto mehr werden Sie Erfolge oder Misserfolge Ihres eigenen Handelns studieren können. Sie selbst sind Ihr bester Lehrmeister: Gute Aufzeichnungen über vergangene Trades sind daher unerlässlich. Nur so werden Sie langfristig aus Ihren vergangenen Trades lernen und Ihr Trading Stück für Stück verbessern. Notieren Sie in einer Tabelle die folgenden Daten:

- ► Symbol
- ► Zeithorizont
- ► Einstiegsdatum
- ► Einstiegspreis
- ► Stop
- ► Ausstiegsdatum
- ► Ausstiegspreis
- ► Kontraktzahl
- ► Gewinn oder Verlust
- ► Kommentare/Grund für den Trade

Indem Sie ein Handelsjournal für jeden Ihrer Trades führen, werden Sie Ihr Trading langfristig erfolgreich meistern lernen. Sie haben die Möglichkeit, Ihre Trades später noch einmal nachzuvollziehen und lernen so mit der Zeit bestimmte Strukturen zu vermeiden. Zusätzlich erhalten Sie so einen Einblick, wie viele Gewinnbringer und Verlustbringer Ihre Strategie normalerweise hervorbringt. Sie lernen Serien kennen und werden ein Gefühl dafür entwickeln, nach wie vielen Trades Verlustserien ungefähr enden. So können Sie eine Statistik für die Profitabilität Ihrer Strategie erstellen. Sind Sie dann einmal wieder in einer Verlustserie, werden Sie ungefähr abschätzen können, wann diese für Sie enden wird.

Wenden Sie regelmäßig Zeit auf, um Ihr Handelsjournal zu pflegen, aber auch um daraus zu lernen. Verschieben

Sie niemals einen Eintrag, sondern versuchen Sie, Ihre Trades täglich zu dokumentieren.

Eine beispielhafte Dokumentation könnte dann so aussehen:

Symbol: CBK

Einstiegsdatum: 04.01.2010

Einstiegspreis: 5.80 €

Stop: 5.60

Ausstiegspreis: 6.80

Ausstiegsdatum: 11.01.2010

Kontraktzahl: 1000

Gewinn: 1000 €

Kommentar: Long-Einstieg auf unterem Supportlevel in der Seitwärtsphase. Stop unter letztem Tief aus dem Jahr 2009.

Auf der folgenden Seite sehen Sie den entsprechenden Chart zu diesem Trade.

Versuchen Sie so oft es geht, Ihre Trades auch mit Screenshots aus Ihrer Plattform zu dokumentieren. So prägen sich Kursmuster in Ihr Gedächtnis ein und Sie werden in der Lage sein, nach einiger Übung solche

Abb.37: Tradebeispiel: CBK long

Muster wiederzuerkennen. Sie vermeiden so unnötige Trades und begehen weniger Fehler. Die zehn größten Tradingfehler sind für Sie nachfolgend aufgelistet. Es macht Sinn, diese Fehler auszudrucken und neben Ihren Handelsmonitor zu hängen: So sind Sie immer gewarnt, Ihre Checkliste durchzuarbeiten, bevor Sie einen Trade tatsächlich eingehen.

Trader Interviews

Interview mit Philipp Kahler

Erzählen Sie uns ein biss-chen über sich und Ihren Weg zum Trading allge-mein: Was hat Sie zum Tra-ding geführt? Welche Bör-sengeschichte haben Sie?

An die Börse brachte mich das Interesse an den Märk-ten. Wie sie sich bewegen, welche Muster sie ausbilden und wann man als Trader eine geringe Chance gegen-über dem Chaos hat.

Wie sieht ein typischer Tradingtag bei Ihnen aus? Was erledigen Sie als Erstes am Morgen? Wie betreiben Sie eine Marktanalyse?

Die Analysen erledigt der Computer. Nach genau definierten Kriterien sucht er mir weltweit jene Aktien aus, auf welche es sich lohnt einen genaueren Blick zu werfen.

Was genau traden Sie (Instrumente, Märkte)?

Ich handle Aktien, Forex und Futures.

Beschreiben Sie Ihren »Stil«. Wie lange halten Sie typischerweise Positionen? Wie viele Trades führen Sie pro Tag aus?

Futures setze ich für reine Intraday-Trades ohne overnight-Position ein. Währungen handele ich am 4-Stundenchart und halte sie auch mal über mehrere Tage. Aktien analysiere ich nur am Wochenchart, die Haltedauer beträgt dementsprechend 1-2 Monate.

Welche Meinung haben Sie gegenüber Technischer Analyse vs. Fundamentaldaten-Trading?

Weder das eine noch das andere kann mir sagen, ob mein Wert morgen steigen wird. Ich verwende die technische Analyse, da sie mir gute Returns brachte und man sie gut dem Computer beibringen kann. Auch wenn ich gestehen muss, dass ich oft nicht ganz verstehe, warum dieses Analyseverfahren trotz seiner Einfachheit funktioniert.

Gibt es ein spezielles Tradingsystem, mit dem Sie handeln?

Es gibt mehrere. Ich vertraue dabei nur auf Eigenent-wicklungen und diversifiziere die Systeme über Han-delsfrequenz und Handelslogik.

Was halten Sie von Hebelprodukten, im Speziellen CFDs? Welche Vorteile bieten Ihnen Hebelprodukte in Ihrem Handelsstil?

Rein gar nichts. CFDs weisen wesentlich höhere Finan-zierungskosten und einen höheren Spread als die Origi-nalprodukte aus. Wäre ich Broker, würde ich die Produkte auch stark bewerben, für sie sind CFDs eine nahezu risi-kolose Gelddruckmaschine. Als Trader achte ich jedoch auf meinen Vorteil und somit scheiden CFDs für mich aus.

Gibt es bestimmte Positionsgrößen, die Sie traden (Stich-wort: Risikokontrolle)?

Bei Futures riskiere ich 0.5-0.75 % meines Depots pro Trade, bei Forex-Trades 1-1.5 % des Depots und bei Ak-tien etwa 2 % pro Trade.

Welche Glaubenssätze und Überzeugungen haben Sie ge-genüber Tradingpsychologie?

Dass das Ende des Wahnsinns nicht abzusehen ist und ich mich deshalb auf Trendfolgestrategien stütze.

Die meisten Trader haben eine Horrorstory über Ihren größten Verlust. Viele Trader gingen Pleite. Welche Story haben Sie zu erzählen? Welche Geschichten können Sie über Ihre Trades erzählen?

Lesen Sie die Bild Zeitung, wenn Sie Horrorstories vermissen. Für mich ist Traden kein Spaß, sondern Arbeit. Dementsprechend wenig denke ich über die Geschichten anderer Trader nach.

Können Sie uns mehr über diesen Stil erzählen? Was genau bezeichnen Sie als niedriges Risiko?

Niedriges Risiko ist für mich ein maximaler Depot-drawdown im Lauf eines Jahres von nicht mehr als 20 %.

Verringern Sie langsam Verlustpositionen – pyramidisieren Sie?

Weder noch. Ich verwende eher eine scaling-out-Technik, wenn ich den Stop nicht nachziehen kann und der Markt in meine Richtung läuft. Diesen Ansatz habe ich einmal im Traders Magazin unter dem Titel »Constant Risk Exit« beschrieben.

Berechnen Sie Korrelationen von Positionen?

Nein. Die historische Korrelation sagt mir ja recht wenig über die zukünftige aus und nur diese würde mich interessieren. Ich achte aber schon darauf, dass ich die Aktien nach Branchen und Chartmustern diversifiziere.

Nutzen Sie quantitative Analyse (erstellen Sie mathematische Tradingmodelle)?

Ja. Das funktioniert zwar auch nicht immer, aber immer noch besser als mein Bauchgefühl oder die News aus der Zeitung.

Wie wichtig ist ein gutes Bauchgefühl bzw. Intuition beim Trading?

Wenn ich so etwas hätte, könnte ich mehr darüber berichten.

Was ist Ihrer Ansicht nach der größte Unterschied zwischen Trading und Glücksspiel?

Wenn ich mir in letzter Zeit die Nachrichten aus der Finanzbranche ansehe, dann frage ich mich, ob es diesen Unterschied gibt. Trading heißt für mich, mit einem Plan an die Sache herangehen. Der Plan sollte getestet sein und somit zumindest mit Vergangenheitsdaten einen positiven Return ausweisen.

Seit dem Erscheinen des Buchs »Mathematics of Gambling« von Edward Thorp glaubt doch auch der Glücksspieler nicht mehr nur an den Zufall.

Wie lange, glauben Sie, braucht ein beginnender Trader, um konstant profitabel zu handeln?

Wenn er die richtigen Voraussetzungen, wie ein wenig Selbstdisziplin und ein gutes analytisches Verständnis, mitbringt, dann ist dies ein ganz normaler Job, den man lernen kann. Nicht von heute auf morgen, aber doch innerhalb von ein paar Monaten.

Was ist die wichtigste Lektion, die Sie Anfängern lehren?

Aufzuhören, vom schnellen Geld ohne Arbeit zu träumen!

Welche Literatur empfehlen Sie?

Zum Chart eignen sich natürlich die Klassiker der Chartanalyse wie Murphy, Schwager oder Dorsey. Zum Thema Traden mit System kann ich Ihnen mein Buch empfehlen, zum Thema Psychologie sollte jeder einmal Dostojewskis »Der Spieler« gelesen haben.

Vielen Dank für Ihre Antworten!

Interview mit Carsten Umland

*Erzählen Sie uns ein biss-
chen über sich und Ihren
Weg zum Trading allgemein:
Was hat Sie zum Trading
geführt? Welche Börsenge-
schichte haben Sie?*

Die Börse hat mich schon immer fasziniert. Ich kann
mich noch erinnern, wie ich vor etlichen Jahren die
Rockwell-Aktie (ein Halbleiterhersteller) gekauft hatte.
Damals noch über meine Hausbank. Nach einigen Wochen bekam ich einen Brief der Bank, dass ein Dritter
meine Aktienanteile der Rockwell-Aktie übernehmen
wollte. Ich fühlte mich großartig. Von dem Gewinn habe
ich mir meinen ersten PC gekauft. Das ist jetzt alles
mehr als zehn Jahre her.
Am Trading fasziniert mich die Ehrlichkeit des Geschäf-
tes. Ich gehe einen Trade ein und finde immer einen
Verkäufer oder Käufer. Das ist Marktwirtschaft pur. Ich
bezahle für ein Risiko und werde entweder für das ein-
gegangene Risiko belohnt oder trage die Kosten.

Wie sieht ein typischer Tradingtag bei Ihnen aus? Was erledigen Sie als Erstes am Morgen? Wie betreiben Sie eine Marktanalyse?

Um den typischen Tradingtag zu beschreiben, muss ich vorausschicken, dass ich einen genauen Geschäftsplan entworfen habe, der alle Aspekte des Tradens abdeckt. Der Geschäftsplan begleitet mich also durch meinen Alltag und ist kein theoretisches Dokument.

Am Morgen nehme ich eine kurze Selbsteinschätzung vor: Wie fühle ich mich heute? Bin ich motiviert oder entspannt? Das hilft mir, nicht zu euphorisch in den Markt zu gehen und einen gesunden Abstand zu wahren.

Danach lasse ich mir die täglichen Wirtschaftsdaten ausdrucken, die für den Tag relevant sind. Ich beachte keinerlei Analysen von anderen Webportalen oder anderen Tradern, weil ich denke, dass jeder seine eigene Auffassung von den Märkten hat. Was für den einen Marktteilnehmer eine Short Position ist, ist für den anderen vielleicht eine Long Position.

Da ich aufgrund meines Geschäftsplanes schon morgens beim Frühstück weiß, welches Setup ich suche, beginne ich die Märkte zu scannen. Diese Art der Marktanalyse ist bei mir zweigeteilt. Einerseits habe ich die üblichen Verdächtigen, sowohl einige Aktien-Titel als auch Future-Indizes auf dem Radar, die ich manuell durchschaue; andererseits lasse ich eine Software über alle Märkte, wie zum Beispiel DAX, MDAX, NASDAQ, Dow30, laufen. Sobald ein Instrument für mein Setup relevant ist, bekomme ich ein Signal angezeigt auf dem Bildschirm.

Was genau traden Sie (Instrumente, Märkte)?

Eine breite Palette an Instrumenten. Meine Strategie sieht zum einen Diversifikation in Einzelinstrumenten vor als auch aktives Intraday-Trading.
Zur Diversifikation benutze ich sehr gerne CFDs, da diese mir aufgrund des Hebels die Möglichkeit bieten, mit einem Teil des Kapitals möglichst breit im Markt vertreten zu sein. Somit kann ich viele Instrumente gleichzeitig handeln, ohne große Mengen an Kapital zu binden.
Den zweiten Part bildet das Intraday-Trading. Hier hande ich Devisen und Futures.
Ziel ist es, intraday von den kleinen und manchmal großen Trends zu profitieren.

Beschreiben Sie Ihren »Stil«. Wie lange halten Sie typischerweise Positionen? Wie viele Trades führen Sie pro Tag aus?

Auch da muss ich wieder auf den Geschäftsplan verweisen: Dieser sieht zum Beispiel bei Positionen, die zur Diversifikation dienen, eine eher längere Haltedauer vor. Das bewegt sich von 1 Stunde bis zu mehreren Tagen.
Die Intraday-Positionen in den Devisenmärkten und Futuremärkten halte ich hingegen meist nur wenige Minuten bis maximal 2 Stunden.
Der Handelsstil beruht auf der Markttechnik und wurde um meine eigenen, langjährigen Erfahrungen erweitert.
Bei den Einstiegen in den Markt bin ich sehr wählerisch. Ein Händler-Kollege hat mir mal gesagt, ich würde »Mimosen-Trading« machen, weil ich lange brauche,

um in den Markt einzusteigen, aber sehr schnell wieder draußen bin, wenn es mal nicht so läuft, wie ich es mir vorgestellt habe.

Dadurch führe ich intraday maximal 5 Trades aus.

Welche Meinung haben Sie gegenüber Technischer Analyse vs. Fundamentaldaten-Trading?

Eine ewig währende Frage. Das grenzt schon fast an ein Glaubensbekenntnis. Marktteilnehmer, die aufgrund Fundamentaldaten handeln, haben in der Regel nichts mit der Technischen Analyse zu tun und umgekehrt, Marktteilnehmer der Technischen Analyse gehen davon aus, dass alle Fundamentaldaten in der Technischen Analyse mit eingepreist sind.

Es gibt aber noch eine dritte Variante, die ich persönlich bevorzuge: die Markttechnik. Hier werden die Märkte aus Sicht der Marktteilnehmer betrachtet – und diese können sowohl fundamental als auch technisch motiviert sein. Wichtig ist nur: Wo kann in einem Chart eine Bewegung entstehen und wer wird nach mir kaufen?

Ich frage Sie: Ist es im wirtschaftlichen Leben nicht genauso? Stellen Sie sich nicht auch auf Ihre Kunden ein, die Ihr Produkt kaufen sollen? Genauso ist es bei der Markttechnik – immer aus Sicht des Kunden/Marktteilnehmers handeln.

Gibt es ein spezielles Tradingsystem, mit dem Sie handeln?

System im Sinne von automatisiertem Handel – nein. System im Sinne von halbautomatischem Handel – ja.

Meine Einstiege sind immer manuell, wenn mein Setup in den Märkten vorliegt. Den Stop nachziehen jedoch überlasse ich größtenteils der Software.

Was halten Sie von Hebelprodukten, im Speziellen CFDs? Welche Vorteile bieten Ihnen Hebelprodukte in Ihrem Handelsstil?

Wie ich schon gesagt habe, bieten CFDs, klug eingesetzt, einen enormen Vorteil: Man kann mit kleiner Kapitalbindung in vielen Märkten vertreten sein. Das bietet sich nicht nur für kleine Konten an. Jeder, der sich mit der Diversifikation von 20 bis 50 Positionen gleichzeitig im Markt beschäftigt, wird den Vorteil der geringen Kapitalbindung zu schätzen wissen.

Sicher, wo Licht ist, ist auch Schatten. Ich persönlich würde darauf achten, bei einem Broker zu handeln, der einen überwachten Handelsplatz hat, und somit Kursmanipulationen seitens des Brokers ausgeschlossen werden.

Gibt es bestimmte Positionsgrößen, die Sie traden (Stichwort: Risikokontrolle)?

Die Positionsgrößen unterscheiden sich je nach Zweck des Trades: Ein Trade, der aufgrund Diversifikation ausgeführt wird, hat ein Risiko von weit unter einem Prozent. Schließlich halte ich dort auf circa 20 Trades gleichzeitig. Dort macht es die Summe der Trades.

Bei Intraday-Trades liegt das einzugehende Risiko immer bei einem Prozent des Kapitals.

Mehr als ein Prozent halte ich nicht für sinnvoll, da ich nicht auf ein schnelles Wachstum des Kontos aus bin, sondern den stetigen, langsamen Weg bevorzuge. Das schont meine Nerven und meinen Geldbeutel.

Welche Glaubenssätze und Überzeugungen haben Sie gegenüber Tradingpsychologie?

Ein Bereich, der mein absolutes Lieblingsthema ist. Da ich selbst eine Ausbildung in NLP (Neurolinguistische Programmierung) habe, fällt es mir leicht, mich und mein Handeln zu reflektieren.
Grundsätzlich sollte jeder Mensch für sich selbst zunächst einmal die Verantwortung für sein Tun und Handeln übernehmen. Das fällt mir immer wieder bei Kollegen auf: Wenn mal ein Trade nicht klappt, war der Markt schuld, der Broker, oder der verwendete Indikator zeigt falsche Signale an. Aber war das wirklich so? Nein. Einzig Sie allein haben den Trade ausgeführt und beendet. Also aufwachen! Und eigenverantwortlich handeln. Dann sind Sie auch unabhängig von Marktanalysen und Börsengurus.

Die meisten Trader haben eine Horrorstory über Ihren größten Verlust. Viele Trader gingen Pleite. Welche Story haben Sie zu erzählen? Welche Geschichten können Sie über Ihre Trades erzählen?

Da muss ich Sie wirklich enttäuschen. Ich ging weder Pleite noch habe ich Verluste erlitten, die mich an den Rand einer Pleite getrieben haben. Der Grund liegt darin, dass ich von Anfang an ein ganz striktes Money Management gehabt habe. Anfangs nicht immer schriftlich niedergelegt, aber zumindest intuitiv angewendet.

Dennoch: Es gab einen Zeitpunkt, da habe ich an mir selbst gezweifelt. Aus Unwissenheit habe ich damals Knock-out-Zertifikate gehandelt. Dummerweise war ich mit dem Begriff »Knock-out« nicht so vertraut. Für mich war das einfach ein Hebel-Zertifikat. Als ich dann ausgeknockt wurde, war der komplette Einsatz weg. Wesentlich mehr, als ich als Stop-Loss vorgesehen hatte. Das ist ärgerlich. Seit diesem Zeitpunkt habe ich mir geschworen, nur noch Instrumente zu handeln, die ich verstehe und die aus meiner Sicht einfach und klar sind.

Können Sie uns mehr über diesen Stil erzählen? Was genau bezeichnen Sie als niedriges Risiko?

Einen Trade nach den Regeln der Markttechnik einzugehen, heißt zuerst, sich gedanklich in die Positionen der anderen Marktteilnehmer hineinzuversetzen. Es gilt die Frage zu beantworten: Wo kann aufgrund der anderen Marktteilnehmer Bewegung im Markt entstehen und wie wahrscheinlich ist das? Auch sollte die Frage beantwortet werden, wer nach mir kauft, denn das sichert mir, dass die Kurse sich weiter aufgrund von Angebot und Nachfrage in die für mich vorteilhafte Richtung entwickeln. Eine Besonderheit sind meine Einstiege.
Dazu ein Exkurs: Haben Sie schon mal eine Lebensversicherung abgeschlossen? Und war es bei Ihnen auch so, dass Sie erst eine Reihe von Fragebögen ausfüllen mussten und alle Gesundheitsfragen bis ins kleinste Detail beantworten mussten? Bei dem kleinsten Risiko für die Versicherung wird die Versicherung Ihren Vertrag nicht mit Ihnen abschließen.

Und jetzt frage ich Sie: Warum sollen wir als Händler nicht ganz genauso akribisch vor einer Positionseröffnung sein? Weil wir es alle furchtbar eilig haben, reich zu werden. Wenn Sie dieses Verhalten ablegen können und gewissenhaft Ihre Chancen und Risiken abwägen, dann haben Sie gute Aussichten auf einen dauerhaften, entspannten Erfolg an der Börse.

Deshalb ist auch die Kombination aus Diversifikation und Intraday-Trading so wichtig.

Es gibt Ihnen die Möglichkeit, nicht jedem Trade hinterherlaufen zu müssen. Sie handeln wie eine Versicherung: Nur Top-Kandidaten sind es wert, von Ihnen gehandelt zu werden!

Sie sind investiert an der Börse, obwohl Sie nicht vor dem Bildschirm sitzen. Das wiederum sichert Ihnen ein entspanntes Verhalten aufgrund des geringen eingegangen Risikos von weit unter einem Prozent.

Verringern Sie langsam Verlustpositionen – pyramidisieren Sie?

Wie schon gesagt, ein befreundeter Händler sagte einmal über mich, ich würde Mimosen-Trading betreiben. Erst brauche ich viel Überzeugungsarbeit, bis ich in den Trade einsteige, dafür bin ich umso schneller wieder draußen, wenn der Trade nicht nach meinen Vorstellungen läuft. Dazu benutze ich einen Zeit-Stop, der sich anhand empirischer Daten aus der Vergangenheit errechnet.

Ein Beispiel: Ich habe in der Vergangenheit festgestellt, dass Positionen, die ich eröffne, nach maximal 5 Minuten im Gewinn sind. Daraus ergibt sich die Schlussfolgerung, dass ich Positionen ausskaliere oder ganz schließe, wenn diese nicht nach 5 Minuten im Plus sind.

Manchmal verpasse ich dadurch eine gute Gelegenheit, aber fast immer wird mein ursprünglicher Stop-Loss nicht erreicht. Das heißt im Endeffekt: weniger Verluste als geplant.
Wie heißt es so schön: Achte auf die Verluste, Gewinne passen auf sich selber auf.

Berechnen Sie Korrelationen von Positionen?

Ja, soweit es mir die Märkte möglich machen. Ich versuche, immer einen Gegenpart von zum Beispiel offenen Long-Positionen gegen mögliche Short-Positionen abzusichern. So kann ich, sollten die Long-Positionen ausgestoppt werden, auf gute Short-Positionen zurückgreifen.

Nutzen Sie quantitative Analyse (erstellen Sie mathematische Tradingmodelle)?

Nein, da ich ausschließlich diskretionär handele und meine Setups nach Markttechnik definiert sind.

Wie wichtig ist ein gutes Bauchgefühl bzw. Intuition beim Trading?

Es gibt Situationen, in denen läuft der Markt »objektiv« betrachtet noch in meine Richtung. Aber das Bauchgefühl sagt mir: Da stimmt was nicht. Manchmal ist das nur ein Seitenblick auf einen korrelierenden Markt, der sich anders verhält, als von mir gewünscht. Dann ziehe ich fast immer die Stops extrem eng an den Markt.
Ich denke, Bauchgefühl ist die Ansammlung von Erfahrungen.

Das kann man auch keinem Tradinganfänger beibringen, warum man aus einem Markt aussteigt, der offensichtlich noch in Ordnung ist.

Was man aber jedem Tradinganfänger beibringen kann, ist, dass er nicht vorher pleite ist, bevor er die gesammelten Erfahrungen zu seinen Gunsten einsetzen kann.

Was ist Ihrer Ansicht nach der größte Unterschied zwischen Trading und Glücksspiel?

Trading ist ein Unternehmen und das ist – mal abgesehen von Kasinobetreibern – Glücksspiel eben nicht.

Wir Händler spielen mit Wahrscheinlichkeiten und tätigen Investitionen und generieren Gewinne. Ganz so, wie es jedes wirtschaftliche Unternehmen eben auch macht. Unsere Handelsware ist Geld. Bei anderen Unternehmen sind es Dienstleistungen oder Waren.

Glücksspiel hingegen ist der Kick nach Aktion. Die Flucht aus dem Alltag, Eskapismus – Spiel, Spaß und Spannung.

Wenn Sie einmal die Leidenschaft für die Börse außer Betracht lassen, ist Börsenhandel doch relativ langweilig.

Wenn ich Spannung brauche, gehe ich Bungee Jumping und nicht an die Börse.

Wie lange, glauben Sie, braucht ein beginnender Trader, um konstant profitabel zu handeln?

Eine häufig gestellte Frage, die ich oft von Tradern höre, die ich coache.

Wann, denken Sie, bin ich profitabel?

Ich formuliere die Frage anders.

Wann sind Sie bereit, zu akzeptieren, dass der Markt immer Recht hat, und wann übernehmen Sie vollständig die Verantwortung für Ihr Handeln?
Wenn Sie diese beiden Fragen umfassend beantwortet haben, haben Sie auch gleichzeitig einen großen Erfahrungsschatz an der Börse über Ihr eigenes Verhalten und Ihre Erwartungen gesammelt.
Das kann je nach Bereitschaft von wenigen Monaten bis zu Jahren gehen. Bis zu diesem Zeitpunkt gilt es, das Kapital zu schützen.
Nicht Schnelligkeit zählt – Dauerhaftigkeit ist Trumpf.

Was ist die wichtigste Lektion, die Sie Anfängern lehren?

Alles dreht sich am Anfang um die Frage: Welche Erwartungen habe ich an die Börse und welche Ziele habe ich im Allgemeinen im Leben?
Erst wenn die Börsenneulinge wissen, was für ein Ziel sie haben, können wir auch die Maßnahmen darauf abstimmen. Denn Börse sollte nur Mittel zum Zweck sein, nicht dafür, dass wir die Langeweile am Bildschirm aussitzen.
Oftmals ergeben sich aus den Erwartungen verschwindet geringe Zielgrößen.
Ich halte es so wie bei Spitzensportlern: Ziele setzen und etappenweise diese Ziele angehen – angefangen von den Lerninhalten, bis zum physiologischen Rüstzeug.
Darüber hinaus gibt es vier Eckpfeiler, die meiner Meinung nach einen erfolgreichen Trader ausmachen:

► Die Zwanghaftigkeit, einen Trade zu machen, ablegen zu können.
► Pragmatische Unschärfe im Handel (der Händler sollte keinen Perfektionismus anstreben).

> ▶ Ausgefülltes Hobby als Performance-Steigerung. Die meisten schlechten Trades geschehen aus Langeweile, was Ihnen mit einem schönen Hobby nicht passiert wäre.
> ▶ Kluges Risiko- und Money Management lernen und anwenden.

Welche Literatur empfehlen Sie?

Aus Sicht der Markttechnik gehört unbedingt »Das große Buch der Markttechnik« von Michael Voigt auf den Schreibtisch.

Anregungen, einen guten Geschäftsplan zu erstellen, erhalten Sie mit dem Buch »Super Trader« von Van K. Tharp.

Ein wenig Tradingpsychologie und Zielsetzung erfahren Sie in »Der disziplinierte Trader« von Mark Douglas.

Ansonsten kann ich jedem Tradinganfänger nur empfehlen, sich mit seinen eigenen Werten und Vorstellungen zu beschäftigen. Ein Blick in die Welt des NLP (Neurolinguistische Programmierung) ist hier überaus hilfreich und hilft, so manchen Stolperstein im Trading beiseite zu legen.

Interview mit Thomas Vittner

Erzählen Sie uns ein bisschen über sich und Ihren Weg zum Trading allgemein: Was hat Sie zum Trading geführt? Welche Börsengeschichte haben Sie?

Mein Name ist Thomas Vittner. Ich bin 41 Jahre alt und lebe mit meiner langjährigen Lebensgefährtin Marianne in Wien. Zum Trading kam ich im Jahr 2001. Damals arbeitete ich als Angestellter bei einer großen Versicherung im Bereich Sachversicherungen. Da ich vor Kurzem neu eingestellt wurde, konnte ich in der Einarbeitungszeit an einem Seminar über fondsgebundene Lebensversicherungen teilnehmen. Dort wurde ich zum ersten Mal mit den Kapitalmärkten konfrontiert, denn weder ich noch meine Eltern hatten davor je ein Börsenengagement laufen.

Obwohl mich die Märkte von Anfang an faszinierten, waren die Produkte der Versicherung nicht das Richtige für mich. Der Zeithorizont von 10, 20 oder 30 Jahren schien mir einfach zu lang. Es gefiel mir nicht, so lange warten zu müssen, denn ich wollte rasch Geld verdienen, wie wohl jeder angehende Börsianer. So beschloss ich, die Sache selbst in die Hand zu nehmen, und auf eigene Faust Aktien zu kaufen. Natürlich hat das nicht so einfach funktioniert und statt der erwarteten Gewinne fuhr ich herbe Verluste ein.

Doch anstatt zu kapitulieren, wurde ich noch mehr angespornt, und wollte es nun genau wissen. Deshalb besorgte ich mir alles an Fachliteratur zum Börsenhandel, was ich in die Finger bekommen konnte. Ich besuchte Seminare und entwickelte schrittweise eine Herangehensweise, die mit meinem Denken harmoniert und dabei meine Stärken und Schwächen berücksichtigt.

Mit den Jahren wurden meine Handlungen beständiger, die Emotionen verschwanden weitgehend, und damit wurden auch die Ergebnisse konstant. Beim Trading war meine Performance schließlich so gut, dass sogar mein Broker auf mich aufmerksam wurde. Durch meinen Beruf hatte ich im Bereich »Aus- und Weiterbildung« viel Erfahrung sammeln können, und dieser Umstand kam mir nun zugute. Ich bekam von meinem Broker daher das Angebot, meine Methoden und mein Denken an viele private Trader in zahlreichen Workshops, Seminaren und Coachings im ganzen deutschsprachigen Raum weiterzugeben. Durch diesen Schritt in die Öffentlichkeit erhielt ich auch die Chance, ein Buch zu schreiben und für dieses Werk erhielt ich sehr viel positives Feedback. Vor gut einem Jahr habe ich schließlich meinen bürgerlichen Job bei der Versicherung an den Nagel gehängt,

und verdiene heute als Investor, Trader und Tradingcoach meinen Lebensunterhalt an den Börsen.

*Wie sieht ein typischer Tradingtag bei Ihnen aus? Was
erledigen Sie als Erstes am Morgen? Wie betreiben Sie
eine Marktanalyse?*

Ich stehe gegen 7.00 Uhr auf und erledige zuerst den
ganzen Bürokram. Dann starte ich meine Handelsplattform und sehe mir die Futures an. Als Nächstes prüfe
ich, wie meine laufenden Trades gerade performen. Ich
entscheide meist sehr rasch, ob und wohin die Stops
nachgezogen werden können.
Dann kommt die Signalsuche für den aktuellen Handelstag an die Reihe. Dazu lade ich mir die Charts von
ausgewählten Aktien aus dem europäischen Raum und
suche die entsprechenden Setups heraus. Das geschieht
alles in Handarbeit, ich verwende dazu keine Scree-
ningsoftware oder ähnliches. Ist die Auswahl getroffen,
erstelle ich mir eine Watchlist und warte, bis es 9.30 Uhr
wird. Sie müssen wissen, dass für mich die erste halbe Handelsstunde in jedem Markt tabu ist. Ich habe die
Erfahrung gemacht, dass die Märkte zu Beginn überre-
agieren und deshalb will ich nicht auf dem falschen Fuß
erwischt werden.
Eine halbe Stunde nach Markteröffnung lade ich mir die
ausgewählten Charts erneut und versuche, die vorbörs-
lich gefundenen Signale umzusetzen. Sind die Orders
alle eingestellt, drehe ich die Plattform ab und mache
andere Dinge. Ich schreibe Fachartikel oder Bücher, coache Klienten, bereite mich auf Seminare vor, analysiere Bilanzen für mein Investing oder lese einfach und
entspanne mich. Wenn das Wetter schön ist, packe ich

meine Sachen zusammen, fahre ins Grüne und erledige manche dieser Dinge von dort aus.

Am frühen Nachmittag kommt der ganze Tradingprozess erneut ins Rollen, denn da bereite ich mich auf die Eröffnung der Märkte in den USA vor. Auch hier werden in gleicher Art und Weise die Trades platziert. Danach beende ich den Handelstag, denn der Abend gehört mir und meiner Lebensgefährtin. Lediglich kurz vor 22.00 Uhr prüfe ich nochmals die Kurse, um eventuell manuell in den einen oder anderen Trade vor Börsenschluss noch eingreifen zu können.

Was genau traden Sie (Instrumente, Märkte)?

CFDs auf Einzelaktientitel aus dem europäischen Raum und aus den USA.

Beschreiben Sie Ihren »Stil«. Wie lange halten Sie typischerweise Positionen? Wie viele Trades führen Sie pro Tag aus?

Ich betreibe eine Art Swing-Trading und halte einen Wert zwischen 1 und 5 Tagen. Da ich mit engen Stops arbeite, werde ich jedoch oft schon nach 2 oder 3 Tagen ausgestoppt.

Was die Orderart betrifft, habe ich mich darauf spezialisiert, mit einer »Stop Buy«- oder »Stop Sell«- Order zu arbeiten. Das widerspricht zwar dem langläufig verbreiteten Grundsatz: billig kaufen und teuer verkaufen, aber ich habe damit gute Erfahrungen gemacht. Ich kaufe teuer und verkaufe noch teurer, wenn Sie so wollen.

Als Einstiegsmarke dient mir normalerweise das Hoch oder Tief des Vortages, je nachdem, ob ich long oder short gehen möchte. Manchmal werden alternative Einstiege benutzt, doch dem Swing-Trading bleibe ich in jedem Fall treu. Stop 1 (der Initial-Stop) wird mit einer Kettenorder parallel platziert und befindet sich – je nach Richtung des Trades – unter dem aktuellen Tageshoch oder -tief.

Durch die Anwendung dieser Technik bin ich auf alles vorbereitet und muss schwebende Orders nicht ständig beobachten. Geht der Markt in meine Richtung, wird der Trade gestartet und gleichzeitig der Stop aktiv. Läuft der Markt in die andere Richtung, passiert gar nichts und die Order verfällt. Mehr kann und brauche ich zur Positionseröffnung nicht beitragen.

Welche Meinung haben Sie gegenüber Technischer Analyse vs. Fundamentaldaten-Trading?

Die Frage ergibt nach meinem Denken keinen Sinn!
Wenn ich mich fundamental orientiere, trete ich als Investor und nicht als Trader auf. In diesem Fall betrachte ich überhaupt keine Charts, setze auch keine Stops und treffe meine Investitionsentscheidung bloß anhand des Preis/Leistungsverhältnisses einer Aktie.

Beim Trading arbeite ich zwar mit den Charts, glaube aber nicht an sie. Das bedeutet: Ich arbeite nicht mit Technischer Analyse im herkömmlichen Sinn, weil die Märkte nach meinem Denken auf diese Art und Weise nicht funktionieren. Ich plane zwar um ein bestimmtes Chartbild meinen Trade, habe dabei aber immer im Hinterkopf, dass es bei der Frage, ob nun ein Gewinn oder Verlust ansteht, 50:50 steht. Ich betrachte das Ergebnis eines einzelnen Trades als reines Zufallsprodukt und versuche, mir mit einem klug gewählten Einstieg bloß einen kleinen, statistischen Vorteil zu verschaffen.

Gibt es ein spezielles Tradingsystem, mit dem Sie handeln?

Wie ich schon gesagt habe: Ich praktiziere eine Art Swing-Tradingansatz, den ich auf meine eigenen Stärken und Schwächen angepasst habe. Es ist ein rein diskretionäres System, das seinen positiven Erwartungswert weniger von der Wahl des richtigen Entrys ableitet, sondern viel mehr durch kluges Money- und Risikomanagement.

Was halten Sie von Hebelprodukten, im Speziellen CFDs? Welche Vorteile bieten Ihnen Hebelprodukte in Ihrem Handelsstil?

Diese Produkte bieten aus meiner Sicht drei Vorteile: Erstens sind CFDs im Gegensatz zu Zertifikaten oder Optionsscheinen einfach aufgebaut. Das bedeutet: Wenn zum Beispiel die Allianz-Aktie um 2 % steigt, geht auch der Allianz-CFD um genau diesen Wert nach oben.
Der zweite Vorteil liegt darin, dass man sich ganz einfach long oder short positionieren kann, auch bei tausenden Einzeltiteln, was meinem Tradingstil ganz besonders entgegenkommt.
Vorteil drei liegt im Hebel, und das bedeutet, dass man nicht sein volles Kapital hinterlegen muss, um große Positionen zu bewegen. Aber hier ist natürlich auch Vorsicht geboten, denn der Hebel wirkt bekanntlich in beide Richtungen. Hebelprodukte sind der Ferrari an den Märkten, und ein Fahrschüler tut gut daran, zuerst mit einem etwas schwächeren Auto das Fahren zu lernen.

Gibt es bestimmte Positionsgrößen, die Sie traden (Stichwort: Risikokontrolle)?

Die Positionsgröße wird bei mir aufgrund des Initialrisikos berechnet. Ich mache eine Einstiegsmarke fest, überlege mir danach, wo ich den Stop platzieren möchte, und stimme daraufhin die gehandelte Stückzahl ab. Das bedeutet, dass meine Positionen unterschiedlich groß sind. Dabei achte ich darauf, dass diese Differenzen nicht zu hoch werden, und verwende deswegen eine gewisse »von-bis«-Bandbreite.

Darüber hinaus passe ich mich durch dieses Vorgehen automatisch an die vorherrschende Volatilität eines Wertes an. Ist sie höher, verringert sich die Stückzahl, weil der Stop weiter weg sitzt. Sinkt die Volatilität, steigen die Positionsgrößen hingegen und der Stop kann knapper platziert werden.

Welche Glaubenssätze und Überzeugungen haben Sie gegenüber Tradingpsychologie?

Ich fürchte, dafür wird der Platz in diesem Interview nicht reichen, denn mein halbes Buch »Das Trader Coaching« beschäftigt sich genau mit diesen Fragen. Ich denke, beim Trading entscheidet die richtige mentale Einstellung über Gewinn oder Verlust. Das System muss natürlich stimmig sein, aber in Wahrheit ist es nebensächlich.

Die meisten Trader haben eine Horrorstory über Ihren größten Verlust. Viele Trader gingen Pleite. Welche Story haben Sie zu erzählen? Welche Geschichten können Sie über Ihre Trades erzählen?

Es tut mir leid, mit so einer Story kann ich zum Glück nicht dienen. Ich habe keinen einzelnen Mega-Verlust erlitten, weil mein Risikomanagement von Anfang an geklappt hat. Natürlich waren meine ersten Börsenerfahrungen sehr negativ und ich habe zu dieser Zeit gut mein halbes Kapital verloren. Aber ich würde sagen, dass man das nicht hätte Trading nennen können, was ich da getan habe.

Ich hatte zu dieser Zeit einfach Aktien gekauft und gehalten. Da die Jahre 2001 und 2002 nicht gerade gute Jahre an den Märkten waren, habe ich mit dieser Strategie (genau genommen hatte ich damals keine Strategie) viel Geld verloren. Ich habe vor allem jenen Fehler gemacht, den alle Anfänger machen: Ich habe den Schmerz der ständigen (Papier)verluste nicht mehr ausgehalten und fast am Tiefpunkt des Marktes (kurz vor dem 2. Irakkrieg) meine gesamten Bestände glattgestellt. Das war, wenn Sie so wollen, traumatisch für mich, aber es weckte meinen Ehrgeiz.

Als ich später versucht habe, richtig zu traden, hat natürlich vieles nicht gleich geklappt. Zum Glück ist mir jedoch ein Fehler nie passiert: Ich habe nie den schützenden Stop 1 vergessen. Das hat mir oftmals die Haut gerettet, auch wenn die Performance am Anfang alles andere als konstant war.

Verringern Sie langsam Verlustpositionen – pyramidisieren Sie?

Nein, die Positionseröffnung geschieht genauso zu einem einzigen Zeitpunkt wie das Schließen einer Position.

Berechnen Sie Korrelationen von Positionen?

»Berechnen« ist das falsche Wort, ich »nutze« allerdings die Korrelation der Aktienmärkte für meinen Handelsansatz. Mein Risikomanagement sieht vor, dass nur eine bestimmte Anzahl von long und/oder short Positionen, die sich noch im vollen Risiko befinden, parallel laufen dürfen. Dabei wende ich aber eine simple Faustformel an, von einer »Berechnung« darf man dabei nicht sprechen.

Nutzen Sie quantitative Analyse (erstellen Sie mathematische Tradingmodelle)?

Nein.

Wie wichtig ist ein gutes Bauchgefühl bzw. Intuition beim Trading?

Das kommt darauf an, ob man intuitiv oder analytisch vorgeht, was in erster Linie vom gewählten Zeitrahmen abhängt. Für Trades, die in einem kurzen Zeitfenster ablaufen, wird ein gewisses Gefühl für den Markt von Nöten sein. Bei meiner Strategie steht jedoch die Recherche im Vordergrund und meine Handlungen sind in ein Regelwerk gegossen. Da ist für Bauchgefühle kein Platz.

Was ist Ihrer Ansicht nach der größte Unterschied zwischen Trading und Glücksspiel?

Von welcher Art Glücksspiel sprechen Sie? Es gibt Spiele, bei denen der reine Zufall dominiert, wie beispielsweise Roulette. Dieses Spiel können Sie auch mit einem mathe-

matischen Ansatz nie gewinnen, weil die Wahrscheinlichkeit gegen Sie spricht. Die Bank gewinnt immer!
Dann gibt es Spiele wie Black Jack oder Poker, die man
erwiesenermaßen gewinnen kann, wenn man sein Risiko kontrolliert und sich selbst unter Kontrolle hat.
Die zweite Art von Spielen hat große Ähnlichkeit mit
dem Trading. Auch hier spielt natürlich der Zufall eine
gewisse Rolle, aber auch das Money Management und
die Strategien sind wichtig.
Generell denke ich, dass die größten Unterschiede, um
auf die eigentliche Frage zurückzukommen, ganz wo-
anders liegen. Jedes Glücksspiel hat ein vorgegebenes
Ende. Darüber hinaus können Sie im Regelfall nur das
verlieren, was Sie eingesetzt haben. Im Trading ist beides
nicht der Fall. Ein Trade hat kein natürliches Ende, es
sei denn, Sie machen ihm eines. Und bei einem Trade
kann man mehr verlieren, als geplant war. Hier denke
ich vor allem an Kurslücken, die Ihre Stops überspringen
können.

*Wie lange, glauben Sie, braucht ein beginnender Trader,
um konstant profitabel zu handeln?*

Ich denke, hier kann man keine pauschale Antwort geben. Es kommt auf das Talent und die Leidenschaft des
Menschen an. In jedem Fall kann man Trading lernen,
wenn man dabei strukturiert vorgeht. Man lernt es hingegen nicht, indem man sich einfach vor die Plattform
setzt und drauf los tradet. Wenn man das Trading viel
mehr als Prozess betrachtet, es auf seine Einzelteile
zergliedert und dabei Feedback zu seinen Handlungen
bekommt, hat man eine reale Chance, dieses Business
zu lernen. In jedem Fall muss man mit einer mehr-

jährigen Ausbildungszeit rechnen und darf keinesfalls die Ausbildungskosten (= die entstandenen Verluste) vergessen. Keine Ausbildung ist gratis, auch nicht die des Traders.

Was ist die wichtigste Lektion, die Sie Anfängern lehren?

Dass sie, nachdem sie die Basics gelernt haben, aufhören sollen mit der ständigen Suche. Damit meine ich die Suche nach dem perfekten System, denn das existiert nicht. Vielmehr ist es wichtig, einen Weg einzuschlagen, der mit der eigenen Psyche harmoniert.
Und dass sie erkennen müssen, für ihre erzielten Resultate die Verantwortung zu übernehmen. Im Guten wie im Schlechten.

Welche Literatur empfehlen Sie?

Natürlich in erster Linie mein eigenes Buch »Das Trader Coaching«, was nach dem Feedback, das ich von vielen Lesern erhalte, ausgezeichnet für angehende Trader geeignet ist. Dann gibt es ein sehr gutes Buch von Michael Voigt »Das große Buch der Markttechnik«. Auch das Buch von Birger Schäfermeier »Die Kunst des erfolgreichen Tradens« ist sehr gut geschrieben. Natürlich möchte ich noch den Klassiker »Das Spiel der Spiele« von Edwin Lefevre erwähnen, das viele Weisheiten und Tipps zum Trading enthält. Aber auch die Werke von Van Tharp oder Alexander Elder sind empfehlenswert. Generell möchte ich zur Tradingliteratur noch Folgendes anmerken: Denken Sie daran, ein Buch als das zu betrachten, was es ist. Ein Ratgeber! Ein Buch kann niemals eine exakte Handlungsanweisung sein. Sie werden auch nicht mit dem Lesen von Büchern erfolgreich, sondern mit der gelebten Praxis. Ein Buch kann nur beratende Wirkung haben und der Leser muss sich seine eigenen Gedanken machen. Vorsicht ist daher vor Büchern geboten, in denen bestimmte Systeme angepriesen werden, die den Leser erfolgreich machen sollen, wie es in der Werbung oft so schön heißt. Denken Sie daran: Was für einen anderen gut ist, muss nicht für Sie gut sein. Sie können nicht in den Maßanzug eines Fremden schlüpfen und erwarten, dass er Ihnen genauso gut steht.

Vielen Dank für Ihre Antworten!

Bitte gerne!

Interview mit dem Berufshändler Michael Voigt

Emotionen müssen immer erst hinter dem Stop-Level aufkommen, aber nie davor ...

Erzählen Sie uns ein bisschen über sich und Ihren Weg zum Trading allgemein: Was hat Sie zum Trading geführt?

Ich trade seit 1991 aktiv. Die Motivation ergab sich aus familiären Gegebenheiten, da dort umfangreiche Kontakte zu Handelsbüros vorhanden waren. Ohne diese Kontakte und die mit dem ersten Tag beginnende umfangreiche Einführung wäre das Thema »Börsenhandel« niemals zu einer Profession geworden.

Ich bin einer Handelsgruppe als Berufshändler angeschlossen. Hierbei handelt es sich nicht um eine klassische Vermögensverwaltung – Geld rein, Geld raus –, sondern um seit Jahrzehnten feststehende Handelsmandate.

Wie sieht ein typischer Tradingtag bei Ihnen aus?

Um das zu beantworten, stellt sich kurz die Frage, was es eigentlich heißt, zu spekulieren. Spekulieren entstammt dem lateinischen speculari und bedeutet beobachten. Und genau DAS ist es doch, worum es sich im Trading eigentlich dreht: SUCHEN, nicht etwa INTERPRETIE-REN! – Das ist mein Job. Nichts anderes. »Suchen« steht bei mir im »Arbeitsvertrag«, nicht etwa »den aktuellen Markt permanent beobachten«.

Dies müsste eigentlich auf jeder ersten Seite einer Kontoeröffnung, jedem Buch und Seminar zu diesem Thema als Kernaussage formuliert werden. Denn keinem Händler der Welt, der wirklich Geld verdient, gelingt dies durch permanentes Betrachten und gleichzeitiges Interpretieren eines Livemarktes. Sobald man anfängt zu interpretieren, hat man auf lange Sicht schon verloren. Interpretieren ist der Griff nach dem jenseits eines super Setups liegenden Trugbildes und dem kindlichen Wunsch nach mehr Taschengeld. Diese Aussage gilt natürlich nur für einen Tradinganfänger, der – einem Schützen gleich – sinnlos in der Gegend rumballert.

Ziel eines Händlers muss es sein, ein Scharfschütze zu werden, der sich von den vielen potenziellen Zielen neben seinem eigentlichen Ziel nicht ablenken lässt und zusätzlich von vielen Hochsitzen aus verschiedene Beute ins Visier nimmt, aber immer erst dann schießt, wenn klar ist, dass er freies Schussfeld hat und deshalb die Chance auf einen Treffer sehr hoch ist. Er verschwendet keine Munition und vor allem nicht seine Energie; er haushaltet ebenfalls sehr sparsam mit seinen Emotionen. Leider starren zu viele Trader – einst auch ich – den ganzen Tag einen Markt an, interpretieren jeden zappelnden Candle oder Bar, sehen es als ihre Aufgabe, dessen Schlusskurs und jeglichen noch so kleinen Kursrutsch vorwegzunehmen, bomben alles mit sinnlosen Trades zu und stören einzig und allein den Marktverlauf. Zu viele Trader sitzen mit geröteten Augen und leichenblass vor den flimmernden Charts und fragen sich leider nicht oder nicht mehr: »Was bin ich mir wert? Will ich mit erstklassigen, zweitklassigen oder drittklassigen Trades den Tag verbringen?« Aber wenn wir ehrlich sind, sieht es doch so aus, dass solche Trader einfach faul sind.

Was genau traden Sie (Instrumente, Märkte)?

So etwas wie »Lieblingsmärkte« sind tabu, es gibt nur Lieblingssetups. Sicherlich muss man in jedem Markt einige Details beachten, aber im Großen und Ganzen ist es für mich unerheblich, welcher Wert sich hinter dem Kürzel oben links im Chart verbirgt. Ob Aktien, Rohstoffe-, Devisen- oder Indexfutures – egal. Was zählt, ist einzig und allein der Chart, und dieser muss mir in seinen Konstellationen die Möglichkeit geben, folgende Frage zu beantworten: »Gibt es nach meinem Einstieg einen nahe liegenden Punkt im Chart, an dem andere Marktteilnehmer Positionen zum einen neu eröffnen und zum anderen ausgestoppt werden und zusätzlich bereit sind, ihre Positionen zu drehen?

Kurzum: Die Märkte werden ausschließlich aus den Handelsregeln der Markttechnik ab- und hergeleitet. Es werden lediglich jene Trades eingegangen, bei welchen ein markttechnisch hergeleiteter Trend, eine Bewegung oder ein Ausbruch nach Positionseröffnung zu erwarten ist.

Beschreiben Sie Ihren »Stil«. Wie lange halten Sie typischerweise Positionen? Wie viele Trades führen Sie pro Tag aus?

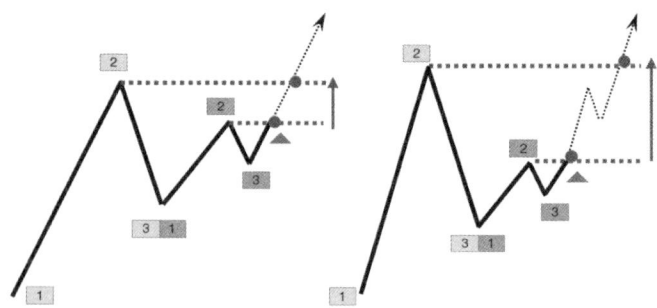

Ich handele ausschließlich jene Märkte bzw. Charts, in denen ich mir aktuell einen durch das markttechnisch orientierte Trading definierten Dominoeffekt zunutze machen kann. Das heißt, ich halte nach solchen Situationen Ausschau, in denen ein untergeordneter Trend in einen übergeordneten Trend hineinläuft, also jene Marktsituationen, bei denen die entstehende Bewegung am Durchbruch durch das erste, also das kleinere 1-2-3 den Markt durch das größere, das zweite 1-2-3 schieben könnte. Die dort liegenden Orders geben dem Trade einen weiteren, also zusätzlichen Bewegungsschub. Je nachdem, wie weit der größere Punkt 2 in einer relativen Nähe zum ersten Punkt 2 liegt, wird dann nach Trend- oder Bewegungshandel unterschieden. Je nach betrachteter Trendgröße ist es sinnvoll, wenn der Abstand zwischen den beiden Punkten nicht eine allzu große Bewegung erfordert. Dies sagt aus, dass dieser Abstand nicht mehr als die aktuellen vorhandenen Kursbewegungen, mithin die aktuelle Volatilität, übersteigen dürfte. Sollte der größere Punkt 2 zu weit entfernt liegen, ist die Gefahr gegeben, dass der Markt diesen Punkt nicht innerhalb dieser Bewegung oder eines einzigen sauberen Trendverlaufs erreicht. Es wird im Vorfeld eine Korrektur bzw. ein kurzzeitig gegenläufiger Trend erfolgen. Indikatoren werden hierzu zum Einstieg keine benutzt; das ganze Thema erschließt sich einzig und allein auf dem Gebiet der Markttechnik. Bei dem Ausstieg mitunter werden sie genutzt; dort aber nur an den Stellen, an denen der Rechner die Stops führt, und da wiederum nur in gewissen Situationen. Hier werden dann aber dennoch die Grundlagen der Markttechnik angewandt und nur behelfsweise mittels mathematischer Ableitung, denn nichts anderes sind ja Indikatoren, an den Rechner übergeben.

(Details nachlesbar in meinen Buch: Das große Buch der Markttechnik und in der Buchserie DER HÄNDLER, Band 2)

Welche Meinung haben Sie gegenüber Technischer Analyse vs. Fundamentaldaten-Trading?

Nun, auch dieser Ansatz hat seine vollste Daseinsberechtigung und steht in keinem direkten Widerspruch zur Technischen Analyse, denn es ist wohl klar, dass wenn jemand sein Geld über einen längeren Zeitraum von Jahren in den Märkten investieren will, dieser sich nicht von einen »Huch-da-ist-eine-Trendlinie-im-Tick-Chart« oder »Huii-da-ist-ein-toller-Umkehrstab-im-10-Minuten-Chart« überzeugen lässt – er braucht andere Argumente, welche sich nicht mittels der Technischen Analyse herausfinden lassen.

Bei dieser Frage darf man ja auch nicht die Ansätze von den Arbitrageuren und Marktteilnehmern, die Hedging betreiben, vergessen. Alle vier Teilnehmer: Hedging, Arbitrage, Spekulanten (Technische Analyse) und Strategische Investments (Fundamentalanalyse) bedingen einander, da alle im selben Orderbuch auftauchen und einer ohne den anderen kein Auskommen hat.

Was halten Sie von Hebelprodukten, im Speziellen CFDs? Welche Vorteile bieten Ihnen Hebelprodukte in Ihrem Handelsstil?

Um beim Börsenhandel eine Bargeldreserve und trotzdem dem bei uns angewandten diversifikativen Trading, und daher allen verfügbaren Signalen (bis 200 Positionen zeitgleich), mit unreduzierten Investitionsbeträgen begegnen zu können, wird beim Trading bei uns gern der »Kunstgriff«, eine Art Parallelaktion, angewandt: Wenn nämlich mittels Margin kreditierte Positionen nicht, wie in der Werbung beschrieben, zur Ausnutzung großer Positionen auf kleinen Konten, sondern zum Handel vieler Positionen mit reduzierten Investitionsbeträgen genutzt würden ... Holla! ..., so wäre das Problem beseitigt.
Möglichkeiten hierzu liegen zum einen in dem mit Margin besicherten Kassakauf, im Handel mit Optionen auf Einzelwerte oder in der Verlagerung des Kassakaufs auf den Parallelmarkt des CFD-Produktes.
Gern erinnere ich mich vieler Einwände, in denen CFD-Broker häufig, trotz des hohen Zuspruchs durch Kunden aller Art, beinahe als Geldschneider beschrieben werden, etwas, – ähnlich wie mit Radioaktivität – dem man sich mit Vorsicht und Schutz nähern sollte. Nun haben diese Einwände sicherlich bis zu einer gewissen Stelle ihre

Berechtigung, gleichwohl liegt im – und darum geht es – diversifikativen Trading von Haus aus ein zweckmäßiger und ausreichender Schutz vor. Wir alle sind uns durchaus im Klaren darüber, dass ein CFD lediglich eine Vereinbarung zwischen Broker und Anleger über die »Nachbildung« des Kurses einer Aktie oder eines Index ist; daher werden die Kurse in fast allen Fällen vom Anbieter kreiert und nicht über eine Börse ausgehandelt, und auch die Abwicklung der Transaktion liegt in der Regel allein in den Händen des CFD-Maklers. Dass der CFD-Handel als Produkt für den markttechnisch orientierten Handel auf untersten Zeitebenen meist nur einem, nämlich dem Broker, nützt, ist durch die oben erläuterte Preisstellung selbsterklärend.

Die kritisierten möglichen Verwerfungen in den Preisstellungen, jener Spread zwischen Bid- und Ask-Kurs, werden aber dahingehend irrelevant, als dass es sich beim diversifikativen Trading ohnehin nicht um Tick-Trading, sondern um ein Trading auf mittlerer Zeitebene (2-5 Tage) handelt.

Ein weiterer Pluspunkt ergibt sich durch die vielen zugänglichen Märkte und Börsen, sprich: Man kann einen Großteil aller weltweiten Aktien, Rohstoffe usw. per Mausklick mittels eines einzigen Kontozugangs handeln.

Gibt es bestimmte Ansichten zum Thema Risikokontrolle?

Halten wir uns folgendes Szenario vor Augen: Ein Handelskonto umfasst 100.000 Euro. Ausgehend von einem wie in der einschlägigen Literatur beschriebenen Geldmanagement, hier von beispielsweise einem Prozent Minus pro Trade, hat dies zur Folge, dass jeder Trade, ungeachtet der Größe der Position, mit einem Stop-Loss versehen werden muss, der hier im Beispiel im Verlustfall 1.000 Euro kostet.

Nun, ich hoffe der ein oder andere Leser ist den Kinderschuhen des Tradens so weit entwachsen, um die Frage: »Paahh – WER legt das Geldmanagement von eins, zwei oder mehr oder weniger Prozent dogmatisch fest?« nicht mehr zu stellen; denn längst dürfte klar sein: Festgelegt wird hier gar nichts; dies liegt ganz allein in der Entscheidung des einzelnen Traders. Natürlich stets vor dem Hintergrund, dass bei einem Risiko von, wie im obigen Beispiel, einem Prozent zumindest theoretisch neunundneunzig Mal in Folge die getroffene Tradingentscheidung fehlerhaft sein kann und trotzdem ein weiteres Handeln möglich bleibt – die Mindestmargin, welche das Konto aufweisen muss, mal außer Acht gelassen. Erhöht sich das Risiko auf zwei Prozent, verringert sich diese Anzahl der möglichen Verlust-Trades schon auf nur noch grob fünfzig, bei fünf Prozent wären es bereits nur noch grob zwanzig. Der ein oder andere Tradinganfänger wird an dieser Stelle gern prahlen: »So viele Minus-Trades – pahhh, das klingt viel zu theoretisch; wenn jemand sooo oft falsch liegt, hat er wohl einfach nicht das Zeug zum Trader!«

Hingegen wird heute dem ein oder anderen Trader aufgrund seiner Erfahrung bewusst sein, dass gerade im Intraday-Handel aufgrund der hohen Trade-Anzahl eine Verlustserie von zwanzig Trades bei einem noch nicht so versierten Trader durchaus nicht ganz sooo aus der Luft gegriffen ist. Damit dürfte zumindest theoretisch klar sein, dass jegliches Risiko über fünf Prozent, selbst für den Profi-der-Profis, monetäres Harakiri bedeutet. Aber auch hier gilt wieder das bekannte Phänomen: In der Theorie ... hurra; in der Praxis ... stöhn!, denn es gibt auch noch: ... die andere Seite der Medaille.

Wie so vieles im Leben, so hat auch die Geldmanagement-Medaille neben der mathematischen noch eine andere Seite ... und diese besteht aus zwei Szenarien. Zum einem: Selbst das vorbildlichste Geldmanagement im Null-Komma-Irgendwas-Bereich kann die individuelle psychische Belastbarkeit eines Händlers dennoch bei Weitem übersteigen, womit jegliches »saubere Traden« in das Reich der grauen Theorie verwiesen wird. Hierzu ein Beispiel: Unterstellen wir einmal einem Händler in seinen Anfängen eine »psychische Schmerzgrenze« von 600 Euro, das Konto aber beträgt 500.000 Euro. Autsch! Selbst bei pro Trade »nur« 0,3 riskierten Prozent der Kontogröße, demnach 1.500 Euro, wird jeder einzelne Trade einer emotionalen Achterbahnfahrt gleichen und aufgrund »subjektiver Leidenschaft« die Gefahr bestehen, dass die markttechnischen Gegebenheiten eine »objektive Ungewissheit« erfahren. In einem Satz: Was nützt das beste Geldmanagement, wenn die psychische Belastbarkeit des ausführenden Händlers früher einsetzt? ... Eieiei!

Dann wäre da noch das zweite Szenario zu nennen: Ein Anfänger mit einem Handelskonto von 3.000 Euro weist ebenfalls eine »psychische Belastbarkeit« von 600 Euro auf; somit kann der diese, da ohnehin außerhalb eines vernünftigen Geldmanagements beziehungsweise später einsetzend als dieses, vernachlässigt werden. Aber: Welcher Trader wird die disziplinierte Einhaltung eines vernünftigen Geldmanagements anstreben, wenn seinen Trades dadurch monetäre Bedeutungslosigkeit aufdiktiert wird: »Pahh – da sitz ich den ganzen Tag hier rum und darf pro Trade nur 30 Euro verlieren?! Sag mal, seht

ihr noch klare Bilder? Wie soll ich da einen Stop setzen? Und vor allem – WAS soll aus solchen Trades denn
rauskommen? Da kann ich doch noch nicht mal ein Eis
von kaufen! Die können mich doch alle mal am ... – das
machen wir mal schön ganz anders!« ... Eieiei!
Wird demnach das Thema Geldmanagement aus unse-
rem angestrebten »Luxus-Blickwinkel« der immer be-
absichtigten diversifikativen analysiert, also unter dem
Blickwinkel, »pro Trade nur die geringste Einheit zu riskieren«, dafür aber so viele wie nur möglich Positionen
zeitgleich zu fahren, wird plötzlich aus einem falschen
Geldmanagement ein Abbild grober Faulheit und nicht
vertretbarer Dummheit. Zur Erklärung dient folgendes
Szenario: Bei angenommenen vierzig mustergültigen –
wie auch immer definierte – Setups, die förmlich »Handel mich!« schreien, stellte ein Trading nach dem »Eene
Meene Muh, und raus bist du, ich reiz das Konto mal
schnell für diesen einen Trade voll aus«-Prinzip gren-
zenlose Faulheit dar, denn: Wenn schon der heilende
Gedanke der Diversifikation auf einen Kaffee vorbei-
schaut und dennoch das Luxusproblem »Ich habe sooo
viele Signale ...« nicht ausgenutzt wird, sprich: Wenn
statt 4.000 Stück in einer Position lieber 100 Stück in 40
Positionen gehandelt werden, um damit das Risiko pro
Trade dankend flächig verteilen zu können ... tja, dann
wird es schwierig!
Okay, sicher ist es einfacher, mit orangefarbenen (Wert
1.000 Dollar) und grauen Jetons (Wert 5.000 Dollar) nur
an einem, statt mit schwarzen (Wert 100 Dollar) oder
blauen Jetons (Wert 10 Dollar) gleichzeitig an mehreren
Tischen zu spielen, aber: Will wirklich jemand absicht-
lich nach zwei, drei Spielen die Spielbank frühzeitig
verlassen müssen, um den Rest des trostlosen Abends

in einem nun nicht mehr bezahlbaren Hotelzimmer zu verbringen?

Somit ist das klassische dargelegte Geldmanagement lediglich ein Teil eines zusammenhängenden Dreiecks, bestehend aus den weiteren Eckpunkten emotionale Belastbarkeit; Anzahl der gehandelten Märkte; Risiko pro Trade. (Details nachlesbar in der Buchserie DER HÄNDLER, Band 4)

Welche Glaubenssätze und Überzeugungen haben Sie gegenüber Tradingpsychologie?

Nun, da kommen wir jetzt zu einer spannenden Frage, welche ich in vielen meiner Bücher beschrieben und hergeleitet habe:

Mein Tipp für angehende Händler lautet stets: Je langweiliger der Handel, umso erfolgreicher. Dies wird zwar von so manchem mit einem lächerlichen Wink abgetan, aber man kann diesen kleinen Satz mit Tausenden von Seiten herleiten und belegen. Die Mega-Kurzfassung müsste ungefähr so lauten: Was ist am Börsenhandel spannend? Im Ernst, was ist daran aufregend? Könnten Sie sich vorstellen, ins Kino zu gehen und dort drei Stunden bei Popcorn und Cola das n-tv-Kurslaufband anzustarren? Also ich wäre binnen zwei Minuten in den Armen meiner Sitznachbarin eingeschlafen. Spannung wird doch erst dann erzeugt, wenn eine Position offen ist. Angenommen, wir haben wieder einmal das Kinoticket für den Film »Das Grauen des Charts« gelöst und dieses Mal nur einen einzigen CFD-Kontrakt, beispielsweise im DAX, am Laufen. Auch hier würde ich nach zwei Minuten in den Tiefschlaf fallen, da die Position so klein ist und jeglicher Marktverlauf keine Irritation auf dem Konto bewirkt. Es wäre schlichtweg egal, was mit der Position passiert, was soll ich mich also davorsetzen und dabei zuschauen, wie meine Position nach einer halben Stunde 19,00 Euro ergibt? Anders sieht es aus, wenn ich mich mit 1.000 DAX-Future-Kontrakten zulade, dann könnten links und rechts die Kinomauern einstürzen, und ich würde dennoch fingernägelkauend das Kursband verfolgen. Der Unterschied zu beiden Kinovorstellungen besteht darin, dass ich mich bei Ersterer an jedes Regelwerk der Welt halten werde, bei Letzterer hingegen kaum. Oder anders ausgedrückt: Wenn aufgrund der Positionsgröße der Markt so spannend wird, dass – bevor der Stop nach Regelwerk XYZ greifen würde – die Emotionen schon dreimal »Hiilllfeee, viel MINUS« oder »HURRRAAA, viel Jackpot« geschrien haben, dann kann nie ein sauberer Handel aufkommen. Emotionen müssen immer erst hinter dem Stop-Level aufkommen, aber nie davor.

Was einen Trader demnach stört, ist aber nicht, dass er hundert oder tausend Punkte hinten oder vorn liegt, was den Trader in den Wahnsinn treibt, ist der absolute Betrag, ausgewiesen in Euro oder Dollar, der daraus resultiert. Und dieser wird stets allein über die Positionsgröße gesteuert. Also warum nicht weniger nehmen – okay, es ist dann im Verhältnis zum Konto unspektakulär –, aber man weiß, dass man die Tür zum emotional geladenen Handel ein Stück weit geschlossen hält und deswegen dann auch seinen Regeln treu bleibt. Dann lebt man im stillen Einvernehmen damit, dass es auch noch morgen einen Tag gibt. Darüber hinaus schaut dann auch noch der heilende Gedanke der Diversifikation auf einen Kaffee vorbei, den man dank der Börse für das große Universum von Märkten auch noch umsetzen kann. Also bevor ich 100

DAX-Kontrakte in einer Position handele, handele ich lieber sinngemäß hundert Positionen mit je einem Kontrakt. Das Risiko mag auf den ersten Blick identisch sein, aber wenn man mal dahinter schaut, erkennt man, dass ein Trading, dessen erste Regel Diversifikation lautet, enorme Vorteile jeglicher Art birgt: vom verschiedenartig definierten Begriff des Risikos angefangen, über die Emotionen bis hin zum ganzen Handelsablauf. Aber solche Ansätze sind hierzulande sehr wenig verbreitet.

Die meisten Trader haben eine Horrorstory über Ihren größten Verlust. Viele Trader gingen Pleite. Welche Story haben Sie zu erzählen? Welche Geschichten können Sie über Ihre Trades erzählen?

Lassen Sie mich die Frage mal so stellen: Wie lange brauchten Sie, um Ihren eigenen Handelsstil zu erkennen, und welche Irrwege wurden dabei gegangen? Und um dies zu beantworten, muss die Frage wiederum kurz in zwei Bereiche geteilt werden: in den eigentlichen Handelsstil, sprich: Regelwerk A, B oder C, und in die eigentliche Arbeits- oder Durchführungsweise, um dieses Regelwerk umzusetzen.
Der wirkliche Wille, einen eigenen Stil zu erlernen, und – was viel schwieriger ist – diesen auch zu akzeptieren, erschloss sich mir erst, als ich die Idee, duplizierbar zu handeln, verinnerlichte. Denn nur dann wird auch die Kunst erlernbar, beständig zu handeln. Vorher geht das nicht. Die Tatsache aber, dass dieser Zusammenhang zu Beginn des Tradings von mir, so auch von jedem anderen Trader, nicht sofort erkannt wurde, macht ihn umso bedeutsamer und das schrittweise Heranführen an den Börsenhandel umso schwieriger.

Über circa drei Jahr zahlte ich in die Börse mehr ein, als ich herausbekam. Ich sah nur einen permanent fallenden Kontoverlauf. Interessant ist, was zeitgleich mit meinem Fachwissen geschah. Das stand wie bei jedem – so auch bei mir – zu Beginn klar auf null und nahm zeitversetzt zum Start des Börsenhandels zu. Aber nur bis zu einem gewissen Punkt. Bis zu jenem Tag, an dem ich von der Menge nervenzerrüttender Handelstage, schlafloser Nächte, sinnloser Trades, glücklicher Plus-Trades, nicht enden wollenden Studierens von Zeitungsartikeln, ständig wechselnder Regelwerke, Seminarbesuche und Tage des Eigenstudiums, kurzum: vom ansteigenden Fachwissen die Nase gestrichen voll hatte. Das heißt, ich habe erkannt, dass ich mit einem Mehr an Wissen auch nicht besser handelte, sondern dass eher das Gegenteil der Fall war: Ich brachte vieles durcheinander und es entstanden Blockaden. Und irgendwann nach drei, vier Jahren reifte in mir die unbezahlbare, goldene Erkenntnis, dass viele Elaborate rund um Regelwerke einander ähneln, denselben Ursprung haben und dasselbe Ziel ins Auge fassen. Oder anders gesagt: Ich räumte auf. Das viele Wissen drückte immer mehr auf den Kontostand, wie ein Riesenhaufen aufgestauter Erde, der dann endlich einmal durchsackte. Wissen wurde komprimiert. Verdichtete sich. Zeitgleich hatte sich das herausgebildet, was man den eigenen Stil nennt.

Wie lange, glauben Sie demnach, braucht ein beginnender Trader, um konstant profitabel zu handeln?

Nun, die Tiefe und Tragkraft eigener Gedanken und das Maß eigener Fähigkeiten als kluger Händler sind nicht nach Tagen oder der auf jedem Trade liegenden Erfahrung, nicht nach Sonnenumläufen zu berechnen; mit anderen Worten: Die Erfahrung eines Traders verdankt den Grad ihrer Reife nicht eigentlich der Zeit – eine Aussage, mit der ich natürlich auf die Fragwürdigkeit und eigentümliche Zwienatur dieses geheimnisvollen Elements Trading anspiele und hinweisen will.

Denn ist es nicht so, dass der Lerncharakter eines Trades und dessen umherschweifende Gedanken nicht umso tiefer, vollkommener und deutlicher werden, je größeren Abstand man dazu gewinnt. Denn: Fachliche oder mentale Prinzipien sind schnell formuliert, doch sie müssen umgesetzt, angepasst, erneut umgesetzt und im Einzelfall wieder konkretisiert werden. Und da liegt die eigentliche Schwierigkeit. Und da Menschen unterschiedlich sind, wird auch das Umsetzen unterschiedliche Zeithorizonte aufweisen.

Können Sie uns mehr über diesen Stil und Ihren Arbeitstag erzählen? Was genau bezeichnen Sie als niedriges Risiko?

Da beide Fragen eng beieinander liegen, beantworte ich es mal so: Sie würden also ungern mit einem Händler zusammenarbeiten, der sich nicht vom Bildschirm losreißen kann? Wenn ein Händler nicht auf Anhieb bei dem Vorschlag »Lass uns eine Stunde in ein Café gehen« aufspringt und alles fallen lässt, dann würde ich wirklich nur ungern mit ihm zusammenarbeiten.

Oder anders: Das Problem so mancher Händlers besteht nicht darin, dass er reich werden will, sondern dass er schnell reich werden will. Mit anderen Worten: Was sind die meisten Ursachen bei Verkehrsunfällen? Geschwindigkeit und Abstand. Was sind die meisten Ursachen für die Beerdigung eines Tradingkontos? Positionsgröße und Trades, die nie das erhellende Licht eines Stops erblickten.

Und so sieht auch unser Alltag aus – völlig unspektakulär. Wo auch soll die Spannung herkommen? Ich weiß früh schon beim Zähneputzen, welche Setups relevant sind, da ist mir der eigentliche Verlauf der Märkte völlig egal. Kommt es zu einem Trade, weiß ich auch, was zu tun ist. Und nach dem Trade ist eh vor dem Trade. Als ich mit dem Börsenhandel anfing, fand ich den Gedanken, dass ich über den detaillierten Kursverlauf zwischen Eröffnungs- und Schlusskurs einer Periode keine Rechenschaft ablegen könnte, gelinde gesagt erschreckend. Ich dachte: Wenn ich nicht den Verlauf zwischen Beginn und Ende einer Periode und den ganzen fortlaufenden Marktverlauf beobachte, bin ich dann als Händler die Kohle überhaupt wert, die aus diesem Trade resultiert? Gott sei Dank hat sich diese Ansicht ganz schnell gewandelt. Je nach gehandelter Zeiteinheit – denn es gab da Ausnahmen – weigerte ich mich zum einen sogar strikt, diese ständig mitzuverfolgen, zum anderen gibt es Computer. Diese handeln bei uns sehr viel, was den Ausstieg betrifft.

Somit ist Trading langweilig?

Genau. Je erfahrener ein Händler wird, umso mehr reift die Erkenntnis, dass der Handel nur eine dauernde Abfolge von Wiederholung ist. Tagein, tagaus. Ein Tradinganfänger wird sich kopfschüttelnd an seine letzten Tage erinnern und stumm auf sein nassgeschwitztes T-Shirt zeigen. Doch über die Monate und Jahre wird auch er erkennen, dass er sich statt von seinen Signalen vom live vor ihm zappelnden Marktverlauf leiten lässt, und das ist natürlich jeden Tag, jede Stunde, jede Minute spannend: »Was hat der Markt jetzt schooon wieder vor?« – »Geht der Markt rauf? Ach du Schreck, ich glaub, er geht runter ...!« – »Soll ich meine Position jetzt schon schließen, es könnte ja sein, dass ...« Kurz: Das Hauptproblem für einen Tradinganfänger besteht darin, in der Unendlichkeit der Chart-Interpretationsmöglichkeiten einen Anhaltspunkt zu finden. So mancher Trader möchte seine Fantasie beflügeln, seine freie Kreativität im Chartorakeln ausleben und gleichzeitig traden. Aber, Fakt ist eines: Beides zusammen ist nun mal nicht machbar. Diese Eigenschaft muss man sich abgewöhnen, sonst bleibt jeder verdammte Tradingtag im Ergebnis ein intellektuelles Verwirrspiel mit Dimensionen und Perspektiven, das einem die Gewohnheiten und Grenzen seiner Sinne und Gedanken vor Augen führt.

Somit gewöhnt man sich über die Jahre daran, nichts getan zu haben, manchmal sogar den ganzen Tag lang. Ich habe diesen Beruf deswegen gewählt, weil ich erkannt habe, dass ich tatsächlich zu 90 % Däumchen drehen kann. 9 % bestehen aus der Suche nach Setups – aber auch hier hilft der Rechner –, und das verbleibende 1 % repräsentiert die eigentliche Eingabe einer Order. Der Rest wird aus dem Fenster geschaut und sich Tagträumen hingegeben. Die Zeit zwischen Eröffnungs- und Schlusskurs oder lokalen Hoch- und Tiefpunkten der jeweils betrachteten Zeiteinheit ist richtig viel wert. Es ist die eigene Zeit. Das ist es, was ich an diesem Beruf liebe.

Sind wir doch ehrlich: Alle beginnen mit dem Trading, weil sie sich mehr Freizeit, mehr Freiraum, mehr Familie, mehr Geld, mehr Zeit für Hobbys und, und, und ...

versprechen. Wenn man diese Personen nach einem Jahr jedoch wieder einmal interviewt, wird man sehen: Die Personen sind blasser, unkonzentrierter, gefrusteter und vor allem: Wo ist sie hin, die angestrebte Freizeit? Wo ist sie hin, die MEHR-ZEIT-MIT-FAMILIE? ... puff, aufgelöst in Schall und Rauch, oder besser: im aktuellen zappelnden Bar.

Wenn einer zu mir sagt, er sei ein langjähriger Trader, und ich sehe, dass er nicht sonnengebräunt ist und keine innere Ausgeglichenheit ausstrahlt, ich würde ihn nicht für voll nehmen. Echt. Aber Hinweis: Meine ganzen Aussagen beziehen sich wirklich nur auf spekulativ ausgerichtetes Marktverhalten, nicht auf Arbitrage, Hedging oder strategisches Investment.

Man muss das so sehen: Wenn man in diesen Minuten oder Stunden bis zum Schlusskurs statt abzuwarten aktiv die Marktverläufe verfolgte und sich daraufhin zu noch so sinnlosen Trades hinreißen ließe, würde dies die Firma häufig richtig viel Geld kosten. Sind wir auch hier ehrlich: Wie viele Trades eines Tradinganfängers landeten durch die Ungeduld zu früh auf dem Börsenfriedhof? Und wie viele Trades erblickten zu früh das Licht der Tradingwelt, nur weil man dachte, der Markt läge in den Wehen, die Periode werde drehen oder höher oder tiefer schließen?

Wie gesagt, bei mir ist Däumchendrehen der Dauertagesbefehl, da man die Wirklichkeit tatsächlich real bewertet, statt sie zu antizipieren.

(Details nachlesbar in meinem Buch: Das große Buch der Markttechnik und in der Buchserie DER HÄNDLER, Band 3)

Verringern Sie langsam Verlustpositionen – pyramidisieren Sie?

Weiter das eine, noch das andere. Sicherlich geht man, je nach Markt gestaffelt rein, beziehungsweise gestaffelt raus, aber das hat mit dem Pyramidisieren im klassischen Ansatz nichts gemein.

Berechnen Sie Korrelationen von Positionen?

Wenn der weitgefasste Begriff des Börsenhandels aufgeschlagen wird, erweist sich der Begriff Korrelation generell als von erheblicher Bedeutung. Es gilt die Aussage, dass das Gesamtrisiko eines Portfolios umso geringer ist, je weniger die einzelnen Anlagen miteinander korrelieren. Die ideale Diversifikation ist folglich so umfassend, dass kaum bis keine Korrelationen zwischen den einzelnen Anlagen existieren. Erwirtschaften zudem die einzelnen, nicht korrelierenden Anlagen noch eine maximale Rendite, so ergibt sich das ideale, jedoch in der Realität nicht existierende Portfolio. – Zumindest habe ich es noch nie gesehen, obwohl ich zugeben muss: Ich habe es auch noch nicht gesucht.

Der Grund hierfür ist ganz schnell gefunden: Das »diversifikative Trading« weist mit der Idee eines »diversifikativen Portfolios« nicht ganz den gleichen Ansatz auf. Während es unserer angewandten Diversifikation auf das Erreichen der »Deckungsgleichheit von Absicht und Verhalten im Trading« ankommt, ist es das Ziel eines diversifikativen Portfolios, die bestmögliche Kombination von Anlagealternativen zur Bildung eines optimalen Portfolios zu erreichen, wobei bezüglich Liquidität, Risiko und Ertrag die Präferenzen des Anlegers und nicht des Traders (!) berücksichtigt werden. Es soll hierdurch ohne eine Verringerung der zu erwartenden Rendite das Risiko eines Portfolios minimiert werden, wobei die Portfoliotheorie das theoretische Grundgerüst für die in der Praxis des Portfoliomanagements verwendeten Verfahren bildet, sprich: Es werden die Gegebenheiten des Kapitalmarktes mit dessen Chancen und Risiken gegeneinander abgewogen, wobei höheres Risiko nur dann in Kauf genommen werden soll, wenn dadurch der erwartete Ertrag überproportional steigt. Den wichtigsten Bestandteil dieser Theorie verkörpert die Unterscheidung in systematische und unsystematische Risiken. Da es sich bei dem systematischen Risiko, ganz grob, um das Risiko des Anlegens selbst handelt und diesem ohne Ausnahme alle Wertpapiere aller Märkte unterworfen sind, kann dies nicht wegdiversifiziert werden, wohingegen das unsystematische Risiko, ganz grob, das Risiko einzelner Wertpapiere ausdrückt und sich daher durch Diversifikation, also mit steigender Anzahl verschiedener Wertpapiere, verringern lässt. Ich will dies jetzt aber nicht weiter vertiefen, denn die Antwort, warum bei uns auf keine Korrelation geachtet wird, liegt einfach darin: »Was hat das denn alles mit den auf einem Punkt 2 auf kleiner Zeiteinheit liegenden Orders, in deren unmittelbarer Nähe größere Orders eines größeren Punktes 2 liegen, und dem Knall im Orderbuch beim Durchschreiten dieser beiden Punkte zu schaffen?« lautet: NICHTS!

Ergo: Während wir »blind« und ohne zu zögern oder nachzudenken mit dem hier als Beispiel gewählten Setup kurzfristig beliebig viele Automobilwerte gleichzeitig handeln würden, wäre dies aus Sicht der Portfoliotheorie sicherlich nicht der Stein der Weisen.

Aus der Sicht des markttechnisch orientierten Tradings ist auch die »Gesamtmarktstimmung« für den Trade eines Einzelwertes unerheblich: Alle markttechnischen Signale, Punkt-2-long und Punkt-2-short, Korrekturhandel usw. haben aufgrund der Orderlage und unabhängig von der »Gesamtmarktstimmung long oder short« die Möglichkeit auf Erfolg. Was steigen soll, steigt; was fallen soll, fällt. Sollte nun trotzdem einmal »Fall Rot« oder »Fall Grün« eintreten und der Gesamtmarkt dermaßen ansteigen oder fallen, dass es eine der beiden Positionsrichtungen trotz vorheriger guter Orderlage zerreißt – na und? Es sind immer ja beide Marktrichtungen abgedeckt, will heißen: Es wird einzig darauf geachtet, dass marktneutral gehandelt wird, demnach nahezu dieselbe Anzahl an Long- wie an Short-Positionen im Depot ist. Dies bedarf sicherlich im Detail einer genaueren Betrachtung, aber dies ist an dieser Stelle so nicht möglich.

Nutzen Sie quantitative Analyse (erstellen Sie mathematische Tradingmodelle)?

Der Computer hält immer mehr Einzug in den Handel und das Trading. Nahezu 2/3 des Orderflows an der EUREX wird beispielsweise von Computern erzeugt. Es ist für die Programme heutzutage sehr einfach, vollautomatisch zu handeln. Dies setzt jedoch ein in sich geschlossenes mechanisches Handelssystem voraus, welches den Ein- und Ausstieg – und vor allem alle Verfahrensweisen und Logiken innerhalb des laufenden Trades – definiert. Dies macht natürlich nur im Handel mit geringen Zeiteinheiten Sinn, da der Handel auf hohen Zeiteinheiten (beispielsweise Tagesbasis) auch manuell von Hand überwacht werden kann. Hier wiederum wird der Computer von uns sehr intensiv zum Filtern von bestimmten Marktsituationen herangezogen.

Wir selbst handeln größtenteils halbautomatisch. Hier übernimmt der Computer komplett die Stop-Führung und den Ausstieg in all seinen unterschiedlichen Varianten. Ebenso übernimmt der Computer das Filtern von bestimmten Grund-Setups, die ein Markt bzw. Chart vor einem Trade unbedingt aufweisen muss, dennoch wird der Einstieg in nahezu allen Fällen manuell vorgenommen.

Wie wichtig ist ein gutes Bauchgefühl bzw. Intuition beim Trading?

Nun, dazu vorab: Der von uns angewandte markttechnisch orientierte Handelsansatz, sprich die Frage »Wo kann Bewegung entstehen« und »Wer kauft nach mir«, ist nicht immer mathematisch fassbar, daher kann dieser auch nur teils einer mathematischen Auswertbarkeit unterzogen werden. An dieser Stelle könnte der aufmerksame Leser einwerfen, dass der Anhänger der Markttechnik streng genommen eben doch subjektiv, also diskretionär, entscheidet.

Auf den ersten Blick könnte man das natürlich annehmen. Aber auf den zweiten Blick erkennt man: Der markttechnisch orientierte Trader tradet zwar in den verschiedenen Zeiteinheiten in Märkten, und er nutzt die Möglichkeit, dass Signale eine höhere Wertigkeit bekommen, weil an ihnen mehrere Einstiegslogiken zusammenfallen, aber er handelt trotz alledem dennoch seine Signale beständig. Beispiel: Der erfahrene Trader hat beispielsweise in vier Märkten jeweils ein markttechnisches Signal in unterschiedlichen Zeiteinheiten vorliegen. Somit ist das Signal, das der Trader handelt, an sich beständig, nämlich beispielsweise ein Punkt 2. Dennoch entscheidet der Trader nun nach Erscheinen des Signals rein diskretionär, welches ihm vorliegende Signal er für gut oder für schlecht erachtet. Aber hier gibt es nun einen Unterschied: Er entscheidet nicht aus dem Bauch heraus, also hopp oder topp, so wie es in der rechten Spalte ein Tradinganfänger oftmals tun würde. Nein – mit seiner Erfahrung nimmt er die Gegebenheiten unmittelbar um das Signal herum zu Hilfe, um über dieses einzelne Signal zu entscheiden. Der Trader kann sich aufgrund dieser weiteren Merkmale nun dafür entscheiden, ob dasselbe Signal in dem einen oder dem anderen Markt besser, sprich: höherwertiger, ist. Kurzum: Das einzelne Signal wird durch seine Erfahrung noch einmal gefiltert. Der Trader nimmt nicht seine Erfahrung, um abzuschätzen, ›wo der Markt hingeht ...‹, sondern seine Erfahrungen setzt er erst nach dem Erscheinen eines Signals um.

Kurzum: Er ist nicht vor dem Signal, sondern erst nach dem Signal diskretionär. Vorteil: Diese Fähigkeiten kann ein Computer niemals übernehmen, denn diese Fähigkeiten können niemals in eine Programmierung gefasst werden.

Das Resultat daraus: Ein Trader ohne Computer kann mitunter dahingehend erfolgreicher sein, dass es ihm möglich ist, aus den beständig gehandelten Signalen mögliche Fehl-Trades manuell herauszufiltern. Um diese zu erkennen, nutzt er seine Erfahrung mit den Chartmerkmalen der Markttechnik, die zusätzlich zu dem eigentlichen Signal auftreten bzw. ineinander greifen.

(Details nachlesbar in meinem Buch: Das große Buch der Markttechnik)

Was ist die wichtigste Lektion, die Sie Anfängern lehren?

Er muss seine Faulheit beenden ...

Natürlich denkt man bei der Antwort gleich: »Wie können diese Trader faul sein, sitzen sie doch ununterbrochen vor dem Bildschirm?«
Auch ich war zu Beginn stinkfaul, saß fast 24 Stunden vor dem Rechner, pfiff mir eine Schokolade und einen Kaffee nach dem anderen rein und begab mich nie auf die SUCHE. Daher kann ich solches Verhalten bei anderen Tradern zwar nachvollziehen, dennoch auf lange Sicht nicht verteidigen. Dass dieser Wunsch, kein Interpretierender mehr zu sein, natürlich anfänglich noch nicht wirklich manifestiert ist, erweist sich als logisch, denn der Anfänger ist dem eigenen Wollen noch nicht ganz zugänglich. Daher muss sich ein Trader entwickeln, und das heißt, dass er lernt, sich auf die Suche zu begeben. Das heißt dann wirklich traden, heißt, sich Gedanken machen, heißt, sich mit Setups beschäftigen, heißt, die Tür zu neuen Märkten aufzustoßen, heißt, sich eine Arbeitsweise anzueignen, welche unzählige offene Positionen zeitgleich zulässt. Wirkliches tiefenentspanntes Trading blüht nur in der Sonne des Suchenden auf. Und jeder Trader hat die Freiheit, sich zu entscheiden: Willst du ein ewig Interpretierender oder ein Suchender sein ...
Aber um das zu erreichen, muss der Tradinganfänger aufhören, nach Seminaren oder Büchern zu suchen, welche – seine gewünschte Hilfestellung – dogmatisch unterstreichen, »Mach, wenn A passiert, einfach nur B, und dann, lieber Tradinganfänger, wird alles gut ...«

Um das zu erklären, versuche ich es mal so:

Warum ist es so schwer für den Tradinganfänger, wenn er sich für eines der vielen Regelwerke da draußen entscheiden muss? Die Ursache dafür liegt natürlich in den unterschiedlichen Wertvorstellungen eines jeden Traders, die für die entsprechenden Beweisführungen vorausgesetzt werden. Es gibt jeweils verschiedene Gründe, weshalb ein Trader den einen oder den anderen Wert als Anfang für seine Argumentationskette wählt. Grundsätzlich stehen sich unterschiedliche Ausgangslagen gegenüber – etwa der Kontostand, die Risikobereitschaft, verfügbare Zeit oder jenes oft unerwähnte emotionale Kleidchen. Da die letzten beiden Werte meist am Beginn zu unscharf sind, fehlt dem Tradinganfänger jener Maßstab, der darüber entscheidet, welcher der unzähligen Regelwerke im Streitfall denn nun überwiegen solle. Zum anderen habe ich hinsichtlich der Frage nach dem Grund, weshalb ein Tradinganfänger so und nicht anders handelt, weitere Antworten parat: Welcher Grund zwingt ihn in die Pflicht, fordert von ihm: »Du musst es so ... und so ...!«? Nur der eigene Stil kann es sein, wenn er an persönlichen Normen gemessen wird, der es schafft, sich über die persönliche Willkür zu erheben. Die Anzahl von Regelwerken, Tipps, Tricks und Kniffen ließe sich in keiner Liste für Trader abschließend aufzählen. Jedoch aber die Reaktion auf sich selbst. Also: Inwieweit spiegelten sich die Erfahrungen aus den vergangenen Trades in den neuen Trades wider? Je nach dem Stand dieser Erkenntnis und dem Zustand des Traders entwickelten sich neue Überlegungen und Grundsätze, veränderten sich alte, wandelten andere ihre Bedeutung. So würde aus dem kindlichen Mut von einst für jeden noch so erbärmlich unüberlegten Trade der heutige Wille zum Antiaktionismus. Begriffe und deren Bedeutung verändern sich mit den Bedingungen und der Verweildauer im Trading, der Grundgedanke indes bleibt stets der gleiche: Geld.

Wenn man also jetzt auf Seminaren oder in Büchern dogmatisch argumentiert, unterschlägt man dem Seminarteilnehmer oder dem Leser somit das Wissen, das jeder Fortschritt im Trading im Einzelnen einen Gewinn und im Ganzen eine Trennung erzeugt; jeder Tradingtag erzeugt einen Zuwachs an Fachwissen, der in einen fortschreitenden Zuwachs an Ohnmachtsgefühlen mündet.

Unzählige Auffassungen, Meinungen und Gedanken zu allen möglichen Märkten und Zeitzonen, alle Formen des gesunden und »kranken«, gierigen und ängstlichen Verstandes bevölkern das Gehirn eines Tradinganfängers wie Tausende kleiner empfindsamer Nervenstränge. Aber der Strahlpunkt, an dem sie sich vereinen, fehlt noch. Doch diesen muss jeder Trader selbst herausbekommen. Denn nach einigen Abfolge einiger Fehl-Trades wird der eigene Stil nicht mehr, der fremde Handelsstil hingegen schon hinterfragt, was schlussendlich immer zulasten der Beständigkeit gehen wird.

Somit sollte der Tradinganfänger aufhören, nach einer starren Vermittlung »seines zukünftigen Handelsstils« zu suchen.

Auch unterstellte ich nicht, jemand könne mit einem meiner Seminare oder dem Lesen eines meiner Bücher immense Reichtümer erlangen. Stattdessen sage ich »Wir bleiben mal schön bei einem einzigen Thema, dem Thema ›Markttechnik‹, so dass der Teilnehmer oder Leser aufgrund der umfangreich vermittelten Tiefe, selbst auf sich und seine Bedürfnisse reagieren kann.« Niemandem bleibt als Trader der schwierige Kampf erspart, dem Gefängnis seines Denkens zu entkommen. So bieten also weder meine Seminare, noch beispielsweise mein »GROSSES BUCH DER MARKTTECHNIK« oder dessen Nachfolger, die Buchreihe »DER HÄNDLER«, einfache Lösungen, denn Einsichten kann man nicht tiefgefroren und mikrowellenfertig frei Haus liefern. Mit meinen Büchern möchte ich stattdessen lediglich konstatieren, dass sich ein Teil des Weges auf der Suche nach Duplizierbarkeit und Beständigkeit auf relativ schmerzlose Weise zurücklegen lässt, wenn man sich ermutigt, statt der Frustration den Sieg kampflos zu überlassen.

(Details nachlesbar in der Buchserie DER HÄNDLER, Band 1)

Welche Literatur empfehlen Sie?

»DAS GROSSE BUCH DER MARKTTECHNIK« oder dessen Nachfolger, die Buchreihe »DER HÄNDLER«.

Vielen Dank für Ihre Antworten!

Interview mit Harald Weygand

Erzählen Sie uns ein bisschen über sich und Ihren Weg zum Trading allgemein: Was hat Sie zum Trading geführt? Welche Börsengeschichte haben Sie?

In den 1990er Jahren studierte ich Medizin und handelte währenddessen Aktien aus DAX und Neuem Markt. Zunächst nutzte ich für die Handelsentscheidungen Nachrichtenmeldungen und Berichte aus Börsenmagazinen. Ich stellte zunehmend fest, dass keine eindeutige Korrelation zwischen Nachrichten und den anschließenden Kursbewegungen vorlagen. Mal hieß es »Sell on good news«, ein anderes Mal wiederum »Wow, sehr gute Nachricht für das Unternehmen, deswegen steigt die Aktie«. Mir fiel auf, dass Aktienkurse in Schwingungen verliefen. Meine einfache Vorgehensweise war also die, immer dann, wenn ein Papier deutlich hatte Federn lassen müssen, einzusteigen. Das lief auch lange

237 Trader Interviews | **237**

Zeit gut. Diese Vorgehensweise stellt auch heute nach wie vor das Grundprinzip einer meiner Vorgehensweisen an den Finanzmärkten dar. 1999 gründete ich den GodmodeTrader. Ich konnte damals nicht erahnen, dass dieses Portal einmal das bei Weitem reichweitenstärkste Portal (man kann ohne Übertreibung sagen) europaweit werden würde. Der Wechsel von der Medizin zum professionellen Vollzeithandel fiel mir nicht schwer. Wichtige Teilgebiete der Medizin, wie Psychologie und Psychiatrie, sind mir bei der Bewertung der Finanzmärkte unglaublich behilflich. Wie stark ist ein Trend, wie sehr wird er vom Marktsentiment getrieben? Wo könnten Stop-Loss-Absicherungen der Marktakteure liegen? Mit welchem Risiko könnten Marktakteure die jeweils aktuelle Marktphase handeln? Fragen über Fragen, auf die die Psychologie kombiniert mit der Charttechnik Antworten finden kann.

Wie sieht ein typischer Tradingtag bei Ihnen aus? Was erledigen Sie als Erstes am Morgen? Wie betreiben Sie eine Marktanalyse?

In meiner bisherigen Traderlaufbahn habe ich das Gros der Tradingstile gehandelt. Scalptrading von US-Aktien, später Forex Swing-Trading und der Stil, bei dem ich final angekommen bin und den ich immer handeln werde, ist der Handel auf Position. Sprich Haltedauer von mehreren Tagen bis Wochen und mehr. Ich konzentriere mich dabei auf den deutschen und den US-Markt. Deshalb ist für mich die Phase von 14.00 Uhr bis 16:30 Uhr MEZ sehr wichtig, also die US-Vorbörse und die erste US-Handelsstunde. Hier entscheide ich, ob ich die US-Tradingsession schon handele. Noch wichtiger ist aber die Zeit von 21.00 bis 22.00 Uhr. Hier screene ich den US-Markt, schaue mir die Setups bei Aktien und Indizes an und schätze ab, wie die fertigen Tageskerzen voraussichtlich aussehen werden. Unter Arbitrierungsgesichtspunkten ist es für mich sehr wichtig, wenn immer möglich in dieser Zeit ab 21.00 Uhr meine Positions-Trades zu eröffnen.

Was genau traden Sie (Instrumente, Märkte)?

Direct Equities sowie Hebelzertifikate und Optionsscheine.

Beschreiben Sie Ihren »Stil«. Wie lange halten Sie typischerweise Positionen? Wie viele Trades führen Sie pro Tag aus?

Positions-Trades mit Haltedauer von einigen Tagen bis mehreren Wochen und mehr. Die Anzahl der Trades ist stark von der jeweiligen Marktphase abhängig. Pro Woche dürften es durchschnittlich 10 bis 20 Trades sein. Es gibt aber durchaus auch Phasen von vielen Wochen, in denen ich so gut wie überhaupt keinen Trade mache.

Welche Meinung haben Sie gegenüber Technischer Analyse vs. Fundamentaldaten-Trading?

Technische Analyse und Fundamentalanalyse können durchaus Hand in Hand gehen. Ich sehe diesbezüglich also keinen Widerspruch. Wichtig ist nur, dass beide Analysenprozesse zunächst isoliert voneinander verlaufen. Im Verlauf einer Technischen Analyse darf ich auf gar keinen Fall Fundamentals oder News berücksichtigen. Die Ergebnisse von Technischer und Fundamentaler Analyse können dann aber durchaus kombiniert werden.

Gibt es ein spezielles Tradingsystem, mit dem Sie handeln?

Beim Screening nutze ich durchaus bestimmte Suchmuster. Ich suche nach Volumenauffälligkeiten, Abstand zu den 52 Wochenhochs oder aber -tiefs, und Intermarketkorrelationen spielen für mich eine ganz maßgebliche Rolle.

Was halten Sie von Hebelprodukten, im Speziellen CFDs? Welche Vorteile bieten Ihnen Hebelprodukte in Ihrem Handelsstil?

CFDs sind für Positionstrading gut geeignet. Sie decken sehr viele Basiswerte unterschiedlicher Assetklassen ab. Ich kann von Rohstoffen über Aktien alles gehebelt handeln. Das Gleiche gilt für Hebelzertifikate, die ich aus Gewohnheit nach wie vor intensiv handele. Ich schätze die Präzision und Stabilität der Handelbarkeit dieser Produkte. Keine Frage, für Scalp- und Swing-Trading gilt es, direkt FX und Futuresmärkte zu preferieren.

Gibt es bestimmte Positionsgrößen, die Sie traden (Stichwort: Risikokontrolle)?

Je nach vorliegender Marktlage und bereits erwirtschaftetem Puffer gehe ich bis zu 10 bis 20 % Risiko pro Position ein. Richtig gelesen, ich handele den Markt sehr aggressiv. Das 0,5 bis 1,0 % Risikogehupfe ist nicht mein Ding.

Welche Glaubenssätze und Überzeugungen haben Sie gegenüber Tradingpsychologie?

Man muss enorme emotional-mentale Stärke mit sich bringen, um sein Leben lang als Vollzeithändler aktiv zu sein. Wenn eine Transaktion durchgeführt wird, sollte dies nach einem genau strukturierten Ablauf geschehen und dann muss die Fähigkeit da sein, auf den Buy- oder Sell-Button zu drücken. Das Prinzip Hoffnung ist wichtig für die Menschheit, beim Handel aber definitiv fehl am Platz. Disziplin und Geduld sollten die Tugenden des Traders sein. Wichtig ist es, sachlich zu bleiben. Wenn ich manche Tradingbücher lese, habe ich das Gefühl, mir springt gleich ein Krieger mit einem Speer in der Hand entgegen. Trading ist ein Kampf, schließ dich in deinem Tradingroom ein, trinke davor einen Karottensaft, damit du besser sehen kannst usw. Ich finde, man sollte es nicht übertreiben. Der Karottensaft hilft nicht, wenn der Trader dann doch der Spielerei verfällt.

Die meisten Trader haben eine Horrorstory über Ihren größten Verlust. Viele Trader gingen Pleite. Welche Story haben Sie zu erzählen? Welche Geschichten können Sie über Ihre Trades erzählen?

Ich hatte das Glück, in den 1990er Jahren als Student von dem Internethype sehr gut partizipieren zu können. Damals konnte man fast nichts falsch machen. Als die Märkte dann zusammenklappten, führte das zwar zu einem Aderlass, der mich aber nicht wirklich umgeworfen hat. Wenn ich nicht ausreichend kapitalisiert gewesen wäre, hätte ich als Arzt gearbeitet und nur nebenbei getradet. Während des Platzens der Internetblase waren wir von GodmodeTrader es, die in Deutschland das Thema des Short-Sellings publik gemacht hatten. Damals führte man Leerverkäufe noch weitgehend über US-Broker durch, erst später konnte dies auch einfacher über Hebelzertifikate gemacht werden.

Können Sie uns mehr über diesen Stil erzählen? Was genau bezeichnen Sie als niedriges Risiko?

Ich bin Chartist, lese also Trendverläufe und Kursmuster. Das Lesen von Formationen ist eine Wissenschaft für sich. In den Lehrbüchern werden lediglich die Grundprinzipien der Formationen besprochen, in der Realität gibt es zahlreiche Unter- und Zwittertypen mit unterschiedlichsten Auflösungsmöglichkeiten. Und wie immer geht es darum, auszutarieren, an welche Stelle einer Bewegung die Wahrscheinlichkeit für einen anschließenden Impuls in eine bestimmte Richtung besonders hoch ist und gleichzeitig eine Position eröffnet werden kann, die mit einem möglichst engen Stop-Loss versehen werden kann. Am besten ist es, wenn bereits ein starker Trend vorliegt.

Verringern Sie langsam Verlustpositionen – pyramidisieren Sie?

Verlustpositionen werden nicht langsam geschlossen, sie werden bei Erreichen des vorher festgelegten Stop-Loss komplett aus dem Markt genommen. In starken Trends pyramidisiere ich Positionen. Oft kommt dies aber nicht vor.

Berechnen Sie Korrelationen von Positionen?

Ja!

Nutzen Sie quantitative Analyse (erstellen Sie mathematische Tradingmodelle)?

Nein.

Wie wichtig ist ein gutes Bauchgefühl bzw. Intuition beim Trading?

Es ist sehr wichtig. Es entsteht durch mehrjähriges Beobachten von Märkten. Das Bauchgefühl ist letzten Endes das, was die Vielzahl der vorliegenden Signale zusammenbringt zu einem Urteil. Kaufen? Verkaufen? Oder Finger weg, das Setup ist irgendwie tricky.

Was ist Ihrer Ansicht nach der größte Unterschied zwischen Trading und Glücksspiel?

Beim Trading kann ich in einem sehr hohen Maße die Wahrscheinlichkeit auf meine Seite ziehen. Oder anders ausgedrückt: Ich kann Wahrscheinlichkeiten ermitteln und mich auf deren Seite begeben.

Wie lange, glauben Sie, braucht ein beginnender Trader, um konstant profitabel zu handeln?

Das ist sehr unterschiedlich. Eine pauschale Antwort kann ich auf diese Frage nicht geben. Ich habe Trader gesehen, die Jahre lang herumprobiert haben und dann immer noch nicht erfolgreich waren. Dann wiederum habe ich aber auch junge Kollegen für unsere Tradingservices bei GodmodeTrader unter Beobachtung, die in Lichtgeschwindigkeit lernen und schon nach wenigen Monaten erfolgreich traden können. Vieles hängt vom

Intellekt des angehenden Traders ab: Wie intelligent ist er und wie flexibel ist er im Denken.

Was ist die wichtigste Lektion, die Sie Anfängern lehren?

Egal welchen erfolgreichen Trader Sie fragen werden, die Antwort wird immer das Risiko- und Money MNanagement sein. Darüber hinaus sollte sich ein Einsteiger nicht verzetteln, indem er die Funktion unzähliger Chartinstrumente und Indikatoren lernt, aber keines von ihnen wirklich richtig beherrscht. Man kann auch und gerade mit wenigen Hilfsmitteln sehr erfolgreich handeln!

Welche Literatur empfehlen Sie?

Ohne mit der Wimper zu zucken: die Werke von Schwager und Murphy!

Vielen Dank für Ihre Antworten!

Interview mit Philipp Schröder und Valentin Rossiwall

Erzählen Sie uns ein bisschen über sich und Ihren Weg zum Trading allgemein: Was hat euch zum Trading geführt? Welche Börsengeschichte habt ihr?

Wir sind junge Trader, die sich über Online-Medien und Börsenfortbildungen kennengelernt haben, und wir handeln seit ungefähr 5 Jahren Aktien, Währungen und Rohstoffe. Um selbst mehr über uns und die Börse zu lernen, schreiben wir einen Online-Tradingblog den Sie auf www.daytrading.de finden. Dort beschreiben wir alles rund ums Trading und tauschen uns mit Lesern aus und bieten auch Trader-Coachings an. Die Börse wurde zu unserer Leidenschaft und wir verbringen täglich mehrere Stunden damit, um täglich besser zu werden.

Wie sieht ein typischer Tradingtag bei Ihnen aus? Was erledigen Sie als Erstes am Morgen? Wie betreiben Sie eine Marktanalyse?

Das kommt bei uns ganz darauf an, welche Handelsstrategie wir handeln. In der Regel sieht es so aus, dass wir uns einen Überblick von allen wichtigen Levels der Indizes schaffen und versuchen, Stärken und Schwächen im Markt zu finden. Dementsprechend passen wir uns an das Marktgeschehen an und suchen nach passenden Set Ups in den Märkten. Das können Pennystocks sein, aber auch Rohstoff-Futures. Swing-Trading-Equities wie Aktien werden alle paar Tage mit Hilfe von computerunterstützten Screening Tools gefiltert und mit Alarmen versehen und in einer Beobachtungsliste abgelegt.

Was genau traden Sie (Instrumente, Märkte)?

Alles, was sich stark und interessant bewegt! Wir versuchen uns immer dem Markt anzupassen und dort zu traden, wo die besten Chancen liegen. Forex ist ein Gebiet, das wir fast gar nicht handeln. Wir betreiben langfristiges Investing nach Trendfolgestrategien, Swing-Trading, wenn es denn der Markt hergibt, und kurzfristiges Intraday-Trading mit hochvolatilen Aktien und Future-Kontrakten. Am häufigsten traden wir die US-Rohstoff- und Equity-Märkte.

Beschreiben Sie Ihren »Stil«. Wie lange halten Sie typischerweise Positionen? Wie viele Trades führen Sie pro Tag aus?

Wir haben verschiedene Ansätze, die wir je nach Marktphase einsetzen. Wenn der Markt volatil ist, kann es sein, dass wir 30 Trades pro Tag machen! Wenn der Markt gut für Swing-Trading ist, dann sind das alle paar Tage mal ein Trade, je nachdem, wie die Setups aussehen, und wenn es der Markt nicht hergibt, halten wir uns raus! Kapitalerhalt ist die wichtigste Regel, so wie Warren Buffett schon immer sagte: Regel Nr. 1 ist: KEIN GELD VERLIEREN. Beim konservativen Investing können Positionen auch über Wochen und Monate gehalten werden.

Welche Meinung haben Sie gegenüber Technischer Analyse vs. Fundamentaldaten-Trading?

Viele Ansätze können funktionieren, solange sie einen »Edge« haben. Sie müssen etwas besser machen als die Masse, sonst werden Sie verlieren. Wir bezweifeln allerdings, dass ein simples Verwenden einer Strategie zu langfristigem Erfolg führen wird!

Was halten Sie von Hebelprodukten, im Speziellen CFDs? Welche Vorteile bieten Ihnen Hebelprodukte in Ihrem Handelsstil?

Hebelprodukte sind wie eine Waffe. Eigentlich sollten Sie dafür so etwas wie einen »Finanzwaffenschein« machen müssen. Den meisten Menschen ist gar nicht bewusst, wie schnell Sie damit Ihr hart erarbeitetes Geld verzocken können. Allerdings können Sie damit auch dicke Profite machen. Fazit: Sie müssen wissen, was Sie tun und wie Sie diese Produkte zu Ihrem Vorteil einsetzen können, dann sind CFDs ein tolles Instrument!

Gibt es bestimmte Positionsgrößen, die Sie traden (Stichwort: Risikokontrolle)?

Risikokontrolle ist in Ihrem Kopf und nirgendwo anders. An der Börse gibt es keine Sicherheit, und Sie müssen immer etwas riskieren, wenn Sie etwas gewinnen wollen. Wir managen unser Risiko variabel, je nachdem was der Markt hergibt und wie wir die Chancen einschätzen. Es kann sogar Zeiten geben, wo wir richtig risikoreich werden und mal bis zu 5 % für einen Trade riskieren. Das ist aber ganz selten und empfehlen wir keinem Anfänger! Anfänger sollten ihr Einzelpositionsrisiko immer unter 2 % halten, wobei darauf zu achten ist, dass die Transaktionskosten des Brokers einen dann nicht auffressen!

Welche Glaubenssätze und Überzeugungen haben Sie gegenüber Tradingpsychologie?

Tradingpsychologie ist wohl einer der wichtigsten Bausteine für das erfolgreiche Trading. Sie müssen mit Ihren Emotionen umgehen können, um die Masse an der Börse zu schlagen. Es gibt keinen anderen Weg, um Profite zu machen. Es geht an der Börse immer darum, richtig auf das zu reagieren, was passiert, denn die Geschehnisse an sich können wir sowieso nicht beeinflussen. Um damit umgehen zu können, braucht man eine große Portion Selbstsicherheit.

Die meisten Trader haben eine Horrorstory über Ihren größten Verlust. Viele Trader gingen Pleite. Welche Story haben Sie zu erzählen? Welche Geschichten können Sie über Ihre Trades erzählen?

Wir haben schon kleine Konten gegen die Wand gefahren. Und ganz ehrlich: Wenn jemand behauptet, erfolgreicher Trader zu sein und noch nie herbe Verluste erlitten hat, dann hat er bis jetzt wahrscheinlich nur wenige Marktphasen erlebt und musste sich noch nicht dem Markt anpassen, und das große Wunder wird noch kommen. Doch dann hört man von solchen »Tradern« meist nichts mehr.

Verringern Sie langsam Verlustpositionen – pyramidisieren Sie?

Wenn wir ein Top-Setup sehen, dann pyramidisieren wir und nützen den Effekt des Hebels aus und riskieren alle Gewinne der Einzelposition für eine Pyramide! Wenn so ein Trade aufgeht, können in kurzer Zeit große Gewinne drin sein, ohne viel riskieren zu müssen.

Berechnen Sie Korrelationen?

Ja, wir beobachten Korrelationen und sehen uns an, wie es in der Geschichte war. An der Börse wiederholen sich häufig Muster aus der Vergangenheit, weil die Psychologie der Masse gleich bleibt. Das zeigt sich u.a. in Korrelationen. So sehen wir uns zum Beispiel Korrelationen von Öl und dem S&P500 oder dem EUR/USD an, um zu erkennen, wo die großen Institutionen sich platzieren.

Nutzen Sie quantitative Analyse (erstellen Sie mathematische Tradingmodelle)?

Ja, wir testen auch Systeme, um teilautomatisierten Handel als Unterstützung zum diskretionären Handel zu verwenden. Allerdings sind wir in erster Linie diskretionäre Händler, da wir glauben, Systemen gegenüber immer einen Vorteil zu haben. Wir können uns schneller dem Markt anpassen als automatisierte computergesteuerte Systeme.

Wie wichtig ist ein gutes Bauchgefühl bzw. Intuition beim Trading?

Top Trader unterscheiden sich von guten Tradern darin, dass Sie intuitiv traden. Doch für Intuition braucht man tausende Trades, und ein Anfänger sollte nicht mit Intuition traden, sondern einem Regelwerk folgen.

Was ist Ihrer Ansicht nach der größte Unterschied zwischen Trading und Glücksspiel?

Trader haben einen Plan und hoffen nicht. Ed Seykota, ein großer US-Trader, sagte einmal: »Ich habe das Spiel schon dann gewonnen, bevor es begonnen hat«. Das kann man beim Glücksspiel nicht sagen. Da haben Sie schon verloren, bevor Sie angefangen haben.

Wie lange, glauben Sie, braucht ein beginnender Trader, um konstant profitabel zu handeln?

Ungefähr so lange, wie ein Profimusiker oder Athlet braucht, um in die Top-League aufzusteigen! Also viele

Jahre harte Arbeit! Auch an der Börse bekommen Sie nichts geschenkt.

Was ist die wichtigste Lektion, die Sie Anfängern lehren?

Fangen Sie NIE mit dem Trading an, wenn Sie es nicht wirklich ernst nehmen. Wenn Sie das Trading und den Markt nicht ernst nehmen, wird er Sie mit Verlusten überschütten. Es ist wie überall im Leben: Harte Arbeit wird belohnt und Faulheit und Unentschlossenheit bestraft.

Welche Literatur empfehlen Sie?

Brett Steenbargers Tradingbücher! Er ist ein wahrer Tradingcoach und Autor außerordentlicher Qualität.

Vielen Dank für Ihre Antworten!

Bild einfügen!

Über den Autor

 Wolfgang Stobbe, Vorstands-
vorsitzender und Gründer der
FXdirekt Bank AG, kann auf
mehr als 20 Jahre Erfahrung
im Devisen- und Wertpa-
pierhandel verweisen. 1996
gründete er die IBAS AG mit
Schwerpunkt Portfolio-Ver-
waltung für institutionelle
Kunden. Mit der IBAS führte
er 2002 auch als Erster den
Devisenhandel für Privatanleger in Deutschland ein. Die
Gründung der FXdirekt Bank AG erfolgte schließlich 2004.
Im Jahr 2007 weitete die FXdirekt Bank ihre Produktpa-
lette auf den CFD-Handel aus und führte die Multimar-
ket-Handelsplattform FXtrader Pro® ein. Diese in-house
entwickelte Handelsplattform bietet das derzeit höchste
Niveau im Bereich des Online-Trading. Die FXdirekt Bank
beschäftigt derzeit rund 100 Mitarbeiter.

Register